KHAO LAK
Entdecken

Für Individualreisende, Touristen und Familien

R. Kobi

Impressum

Texte: Copyright © 2016 by Rudolf Kobi
Unter Brieschhalden 24
CH-4132 Muttenz
Schweiz
Ruco.kobi@gmail.com
Alle Rechte vorbehalten.
Ausgabe 2 August 2016

Rechtliche Hinweise

ISBN: 1533084394
ISBN-13: 978-1533084392

INHALTSVERZEICHNIS

Vorwort des Autors

Thailand ist – und zu Recht – ein beliebtes Reiseziel. Für jeden, vom Backpacker zum Tourist bis zur Familie hat es viel zu bieten. Vom feinen Essen, zu sauberen Stränden, phantastischen Landschaften bis zu angenehmem Wetter und auch kulturellen Plätzen. Man könnte sagen: die ideale Feriendestination.

Es gibt einige Reiseführer für Thailand – auch für den Süden und das beliebte Phuket ... aber Khao Lak ist in den meisten nur am Rande erwähnt. Ein echtes Defizit.

Hier kommt nun also ein Reiseführer, der das behebt und nur Khao Lak (und Umgebung) behandelt. In diesem Führer: Über 60 Ausflugsziele und Tipps nur zu Khao Lak und direkter Umgebung.

Auf was für einer Grundlage schreibe ich diesen Reiseführer? Ich besuche dieses wunderbare Land seit über 20 Jahren, die letzten Jahre davon hauptsächlich Phuket und Khao Lak. Während ich anfangs alleine unterwegs war, reise ich inzwischen mit der Familie – speziell einem Kleinkind, deshalb kommen hier auch Tipps fürs Reisen mit Familie / Kindern – und weniger für Backpacker.

Im Buch behandle ich sowohl die angebotenen Touren, als auch Selbstfahrer-Touren und Ausflugsziele. Ich gehe dabei nicht auf spezielle Tourenanbieter ein, da viele gleiche oder zumindest ähnliche Touren anbieten. Dasselbe gilt für Restaurants (mit einer Ausnahme) und Hotels, von denen es unzählige sehr schöne gibt.

Weiter hinten im Buch finden sich allgemein nützliche Informationen zum Besuch, wie eine kurze Liste Do's and Dont's, Hinweise zum Verkehr, sowie etwas Thailändisch für Touristen und typische Gerichte.

Ich hoffe, dass Euch dieser Reiseführer nützlich ist und sich im praktischen Einsatz bewährt.

Da er ein Werk im Aufbau ist – und noch erweiterbar / änderbar, freue ich mich auf Feedback und Anregungen unter ruco.kobi@gmail.com

Viele Grüße und schöne Ferien wünscht

Ruedi

Über Khao Lak

Khao Lak ist nicht *ein* Ort, sondern **eine Reihe kleiner Ortschaften** entlang der Hauptstraße 4 im Takua Pa Distrikt der Phang Nga Provinz im Süden Thailands.

Heute lebt Khao Lak vom Tourismus. Es ist aber im Gegensatz zu Phuket bei weitem nicht so überlaufen vom Massentourismus und hat sich an vielen Orten noch seinen thailändischen Charme bewahrt und bietet viele Orte, die entdeckt werden wollen.

Der Name „Khao Lak" meint „Berg Lak", bei diesem handelt es sich um die Haupterhöhung der sonst schon hügeligen Region. Aber auch dieser „Berg" hat nur eine Höhe von 1050 Metern. Er liegt im Khao Lak Lam Ru National Park.

Es hat sieben Nationalparks innerhalb eines Gebietes von 70 km rund um Khao Lak (die im Meer inbegriffen). Die Küste mit ihren goldenen Sandstränden ist eine der schönsten in ganz Thailand. Im Hinterland findet sich Regenwaldbedeckte Hügel, Mangrovenwälder und Karstgestein mit unglaublich anmutenden Aussichten. Vor der Küste liegen die Korallenriffe der Inselgruppen Similan und Surin, wo man mit wilden Schildkröten und auch Mantas tauchen und schnorcheln kann.

Khao Lak ist bekannt für sein ruhiges Ambiente und ist Ausgangspunkt für Tauch- und Schnorchel-Ausflüge zu den Similan und Surin Inseln. Es unterscheidet sich von Phuket durch seine ruhigen, besserklassigen Hotels, nicht überlaufenen Strände, Familienfreundlichem Nachtleben und lokalen Bauvorgaben, die den Bau von Gebäuden die höher als eine Kokos-Palme sind verbieten ... wodurch Khao-Lak nur in die Breite wächst, aber nicht in die Höhe.

Klima

Khao Lak unterliegt dem Einfluss von zwei Monsun-Winden, die saisonal auftreten: dem Südwest Monsun und dem Nordost Monsun. Der Südwest Monsun beginnt im April, wenn ein Strom warmer und feuchter Luft vom Indischen Ozean ziemlich viel Regen bringen kann. Er endet im Oktober, der Khao Laks nassester Monat ist. Die späteren Monate, die unter dem Einfluss von Nordost-Winden aus China liegen sind viel trockener. November bis März gelten deshalb als Trockenzeit. März ist dabei der heißeste Monat.

Aus Touristensicht ist die Trocken-Saison (zwischen Oktober und Mai) ideal um Khao Lak zu besuchen, wobei man sagen muss, dass es auch an einem „Regentag" nicht wirklich schlecht ist. Es regnet meist am späten Nachmittag/frühen Abend und auch dann oft nur kurz. Die Regengüsse können auch nur sehr örtlich begrenzt auftreten – all das verfälscht die Statistik, deshalb ist die Angabe der Anzahl Regentage irreleitend.

Klimatabelle

	Jan	Feb	Mar	Apr	May	Jun	Jul	Aug	Sept	Okt	Nov	Dez
Maximaltemperatur (°C)	33	34	35	34	33	32	32	31	31	32	31	31
Minimaltemperatur (°C)	21	22	23	24	24	24	24	24	23	23	23	22
Niederschlag (mm)	33	36	68	205	527	406	452	478	582	476	250	48
Regentage	4	4	7	15	24	23	21	23	24	22	16	6

Anfahrt

Khao Lak liegt etwa 80 km **nördlich von Phuk**et und man erreicht es im Normalfall nach der Ankunft auf dem Flugplatz in Phuket und einem Transfer via die **Sarasin-Brücke** auf der Route 4 – einer der Hauptverkehrsrouten durch Thailand. Dauer: ca. eine Stunde.

Man kommt natürlich auch via öffentlichem Verkehr hin: zwischen Phuket und Khao Lak verkehren öffentliche Busse. Die meisten Besucher werden jedoch vom Hoteleigenen Bus oder Minivan abgeholt, oder fahren mit dem Taxi. Transfer mittels Taxi ist etwa 1500 Baht für einen Weg.

Am Flughafen lassen sich Autos mieten, womit man selbst problemlos auf Khao Lak kommt. Der Weg ist denkbar einfach: vom Flughafen aus auf die Straße 402, nach Norden, weg von Phuket. Dann bei Verzweigungen immer links halten (an der Küste entlang) – bis auf diese *eine* Verzweigung im Dorf Thai Mueang ... dort geht die Straße nach rechts, auch wenn es aussieht, als sollte man geradeaus – verpasst man diesen Abzweiger, landet man auf der Strandstraße, die eine Sackgasse ist.

Nachdem man kurvenreich einen Hügel überquert hat, ist man in Bang La On – dem eigentlichen Herz der Khao Lak Region.

Khao Lak selber liegt entlang der Hauptstraße 4, die hier Phetkasem Road genannt wird, die Orte liegen zwischen der Küste und dem bewaldetem Hinterland.

Strände und Ortschaften

(von Süden nach Norden)

Khao Lak Beach – der südlichste Strand. Vor dem Hügel Lak, über den die Straße führt. 700 m lang, eingebettet vom Lam Ru Nationalpark mit dem Khao Lak River auf der rechten Seite und flachen Felsen auf der linken Seite.

Nang Thong Beach – im Ort Bang La On. Oft (fälschlich) Khao Lak genannt und das „Zentrum" der Khao Lak Region. Es ist auch der touristischste Ort mit den meisten Shops und Restaurants (und Schneidern, Kunstgalerien und natürlich Tauchzentren ...). Je weiter nördlich, oder südlich, desto weniger touristisch und mehr „thailändisch" wird es. Der Strand ist ca. 2,5 km lang und durch mit Muscheln bewachsenen Felsenketten unterteilt, die teils bis zu 45 m in die Andamansee ragen. Die Felsformation Nag Thong (Goldene Frau) gab dem Strand den Namen. Während der Monsunzeit kann man hier wegen der Wellen nicht schwimmen. Im Norden wird der Strand durch den Bang Niang River eingegrenzt, durch den man bei Ebbe waten kann.

Bang Niang Beach – im gleichnamigen Ort, zwei bis drei Kilometer nördlich von Bang La On. Der Platz mit den meisten Bars und Nachtleben und dem täglichen Markt.
Der Strand ist weitgehend felsenfrei und dank dem vorgelagerten Korallenriff ist das Schwimmen fast immer möglich, selbst während der Monsunzeit.

Khuk Khak Beach– im gleichnamigen Ort, zwei bis drei Kilometer nördlich von Bang Niang. Das Dorf ist der Verwaltungssitz der Gegend und es gibt kleine Läden, Post, Polizeistation und Tankstelle. Der Sand-Strand ist flach abfallend, ca. 8 km lang und wird durch zwei Flüsse unterteilt. Am Süden grenzt er an das Coral Cape, einem Land-Vorsprung ins Meer.

Laem Pakarang (Coral Cape) Sandstrand mit feinem Sand. Die Bucht wird von einigen Felsenketten unterbrochen und man sollte hier Badeschuhe tragen wegen den Korallenstücken im Sand – und weil es hier Stachelrochen gibt. Bei Niedrigwasser schaut eine ausgedehnte Korallenplatte heraus.

Bang Sak weitgeschwungener und abfallender Sandstrand, auch mit Korallenstücken im Sand.

All diese Strände sind öffentlich (wie alle Strände in Thailand). Die Hotels haben auf ihren Anlagen Sonnenschirme und Liegen, aber der Strandstreifen ist mehrheitlich frei und für alle da.

Orientierung

Wer „Khao Lak" sagt, kann irgendeinen dieser Plätze meinen, obwohl sie sich insgesamt über 25 km entlang des Meeres erstrecken. Das erschwert die Kommunikation gelegentlich und wer sich treffen will, sollte genauere Angaben haben: welcher Strand? Welche Ortschaft? Am Meer? Am Highway 4?

Selbst die Post-Adressen (zum Beispiel der Hotels) sind nicht immer sehr aussagekräftig. Irgendwie haben die alle nur Phang Nga Provinz und Moo irgendetwas drin, sowie seltsamerweise meistens Khuk Khak – selbst wenn es ganz unten am Nang Thong Beach liegt. Wahrscheinlich, weil das der Verwaltungsbezirk ist.

Aus diesen Gründen habe ich hier im Buch statt der Adressen von Attraktionen die Beschreibung des Ortes und zusätzlich die Koordinaten im Dezimalgrad, die Google liefert und als GMS (In Grad, Minuten, Sekunden) angegeben – für den Gebrauch in Navigationsgeräten.

```
Art  Breitengrad        Längengrad
DG  8.65112             98.25252
GMS N 8° 39' 4.032"  O 98° 15' 9.072"
```

Mit dem QR Code oder dem Link:
https://www.google.com/maps/d/viewer?mid=1PMQablD0rniAgEy P2w9t8GEvarU
kommt man zu einer Google maps Karte, wo die im Buch erwähnten Punkte eingetragen sind.

Karte der Strände / Ortschaften Khao Lak

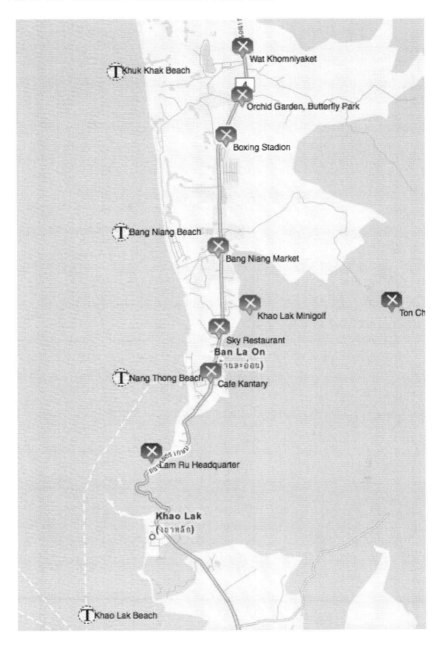

Transport in Khao Lak

Als Fußgänger

Als Fußgänger hat man es nicht ganz einfach in Thailand – und das gilt auch für Khao Lak. Viele Gehsteige sind in schlechtem Zustand, man muss praktisch immer mit Löchern, (halb-)offenen Kanalisationsdeckeln, losen und hervorstehenden Steinen rechnen. Strommasten, Signalmasten und anderes können mitten drin angebracht sein. Die Gehwegkanten sind sehr unterschiedlich hoch und häufig einiges höher als in Europa.

Beim Laufen ist also Konzentration angesagt und – falls man einen Kinderwagen dabei hat – ist das etwas anstrengender als bei uns, aber trotzdem gut machbar.

Sehr abenteuerlich gestaltet sich teils das überqueren der Straße. Für uns kommen die Autos grundsätzlich von der falschen Seite und Fußgängerstreifen dienen hier anscheinend mehr der Dekoration – die wenigsten Autofahrer halten da an, um einen Fußgänger hinüber zu lassen.

Taxis / Tuk Tuks / Tourenanbieter

Wer kein Auto gemietet hat, weil er sich das Selbstfahren nicht zutraut oder keine Lust darauf hat, aber Khao Lak und Umgebung erkunden möchte, ist auf private Taxifahrer oder Tourenanbieter angewiesen.

Obwohl die Preise in den letzten (15) Jahren angezogen haben, sind sie immer noch moderat genug, dass man sich das gut leisten kann. Taxifahren ist hier im Süden teurer als in Bangkok, dafür schleppen sie einen auch nicht von Souvenirshop zu Souvenirshop oder versuchen einen von der Wunschdestination mit Aussagen wie „Tempel heute geschlossen" (stimmt eigentlich nie) umzuleiten. Die Taxifahrer hier sind zahlreich und im Normalfall auch freundlich und nicht sehr aufdringlich ... ein einfaches Kopfschütteln reicht gut, wenn man mal wieder beim Spaziergang angesprochen wird, ob man ein Taxi braucht. Vor den großen Hotels hat es im Normalfall einen Taxistand, auch (oder vor allem) wenn das Hotel ziemlich abgelegen liegt.

Die meisten Fahrer haben fixe Preise für oft angefahrene Ziele und Strecken im Kopf, z.B. für Flughafentransfers (um die 1500 Baht) oder zum Markt bei Bang Niang (300 Baht für bis 4 Personen).

Für längere Touren gibt es zwei Preismodelle, die man (vorher) mit den Fahrern verabreden kann / soll:

Stundenpreis: Zum Beispiel 2000 Baht für 4 Stunden, danach 500 Baht pro Stunde – abhängig von der Distanz.

Festpreis für den gesamten Ausflug: z.B. 2500 Baht für die 3-Tempeltour: Bei vorexistierenden Touren ist aber oft noch Essen und (englisch- oder deutschsprachige) Führung dabei, weshalb das auch lohnen kann.

Miete eines Fahrzeuges

Damit ist man wirklich flexibel und unabhängig und wer sich den thailändischen Straßenverkehr (und Linksverkehr) zutraut, dem ist das empfohlen. Motorräder, Motorroller und Autos können an vielen Stellen in Khao Lak ohne Schwierigkeiten gemietet werden. Wer von zu Hause aus bucht, kann sein Auto auch gleich am Flugplatz in Empfang nehmen und selber nach Khao Lak hochfahren, ohne auf die Sammelbusse angewiesen zu sein.

Autos

Mehrere internationale Autovermietungen haben Mietstellen auf Phuket. Hertz und Budget auch in Khao Lak selber (in der Nähe des Polizeibootes). Ebenso erwähnenswert: die lokale Agentur Thai Rent a Car in Khao Lak.

Es kann gut sein (vor allem in der Hochsaison), dass es kurzfristig Probleme gibt, weil keine Autos verfügbar sind oder sie aus Phuket hochgebracht werden müssen – deshalb ist es manchmal günstiger das vorherzubestellen oder unten in Phuket zu buchen, auch wenn die Autos dann zu einem ins Hotel gebracht und/oder abgeholt werden.

Ich würde davon abraten ein Auto am Straßenrand zu mieten, da dies dann ganz sicher privat – und damit nicht versichert ist.

Motorroller / Motorfahrräder

Motorroller kann man in den Touristenorten an vielen Stellen mieten, manchmal auch beim Hotel selber.

Die Preise schwanken je nach Ort und Mietdauer – je länger man sie mietet, desto günstiger wird im Normalfall auch der Mietpreis. Tagespreise sind etwa 150 bis 250 Baht.

Benzin wird übrigens außer an Tankstellen auch neben der Straße verkauft – die Flaschen mit dem roten Inhalt auf den Holzgestellen. Der Preis hier ist ca. 40 Baht pro Liter – und damit etwas teurer als an der Tanke und die Qualität nicht immer entsprechend.

Fahrräder / Velos

Fahrradfahren ist eine Freiluft-Aktivität, die einem einen besseren Einblick in Land und Leben bietet als aus dem Auto heraus, allerdings ist es in der Wärme etwas anstrengender. Dafür gibt es in Khao Lak inzwischen tatsächlich auch Fahrradwege.

Viele Hotels bieten Mietvelos an, die sich gut eignen, die Umgebung hier zu erkunden, da Khao Lak selber mehrheitlich flach ist (der ganze Küstenabschnitt). Im Hinterland wird es rasch hügelig und im Süden hat es den "Berg" Lak. Wo es Hügel hat, hat es hier auch Wald. Quer durch den Wald zu fahren nach Mountainbike-manier ist nicht empfohlen: hier gibt es doch häufig Schlangen, so dass auch Thailänder nicht einfach so durchs Gebüsch stapfen oder biken. Auf den Wegen ist es jedoch sicher. Wer nicht weiß, was er besichtigen kann, kann auch eine der geführten Biketouren buchen, wo diverse interessante Punkte (Wasserfälle, Dörfer) angefahren werden. Manche der Touren sind kombiniert mit Kajak-fahrten oder Baden im Flüsschen.

Tipps für die Miete:

Für die Miete von Motorfahrzeugen wird neu (zwingend) der internationale Führerschein verlangt. Auch wenn der (gültige) Führerschein nicht immer vom Vermieter kontrolliert wird: ohne kann es ein Problem werden bei Polizeikontrollen oder der Versicherung.

Gelegentlich wird als Sicherheit bei der Miete (auch bei Motorrädern) die Hinterlegung des Reisepasses verlangt. Das sollte man auf keinen Fall machen. Einerseits, weil dieser bei Polizeikontrollen vorgezeigt werden muss, andererseits weil in einem Schadensfall der Vermieter einem dann wirklich Probleme machen kann – man braucht den Pass ja zwingend zur Ausreise. Besser sind Vermieter, die eine Barkaution oder Kaution via Kreditkarte verlangen. Manchmal reicht auch eine Pass-Kopie.

Versicherungen beim Auto haften für Schäden an Person und Fahrzeug, aber meist nur mit Selbstbehalt von bis zu 50'000 Baht.

Fahrzeuge sollte man vor Mietbeginn auf Schäden prüfen und diese festhalten lassen – ansonsten kann es sein, dass man danach dafür bezahlt. Wenn man Digitalfotos macht, wo Datum und Uhrzeit automatisch registriert werden, hilft das bei eventuellen späteren Forderungen.

Versicherungen bei Mopeds gelten nur für Personenschäden, nicht für Fahrzeugschäden – die muss man als Mieter zwingend selber bezahlen. Dafür sind die Reparaturen oft günstiger als hier.

Notiere die Nummer des Versicherers und eine Telefonnummer unter der man sie im Falle eines Unfalles kontaktieren kann.

Tipps zum Straßenverkehr und dem Vorgehen bei einem Unfall finden sich hinten im Buch.

Strassensituation: Thai Muang.

Hotels in Khao Lak

Hotels und Unterkünfte in Khao Lak gibt es sehr viele und es ist auch für jedes Budget etwas dabei: Vom Backpacker-Hostel bis zum Luxus-Hotel.

Grundsätzlich ist es hier noch so, dass sie weniger auf Massentourismus setzen als weiter unten auf Phuket, aber natürlich kann man auch hier All-inklusive super-günstige Angebote bekommen, wo man die Hotelanlage nie verlassen (muss).

Es ist den persönlichen Vorlieben und Budget jedes Lesers überlassen, welches Hotel er aussucht – und wo in Khao Lak. Steht jemand auf Nachtleben, empfiehlt sich die Gegend um Bang Niang; will man möglichst nah viele Restaurants und Shops und ist vor allem zu Fuß unterwegs, dann wählt man Nang Thong; die grossen Luxushotels haben Anlagen weiter nördlich, ausserhalb der Ortschaften. Die Strände sind durchgehend sehr schön, also kommt es darauf nicht so an.

Essen in Khao Lak / Restaurants

Es gibt sehr viele Restaurants in Khao Lak, von der kleinen Beiz bis zum Luxus-Restaurant – es hat auch einen McDonalds, falls man das brauchen sollte. Es gibt unzählige Empfehlungen auf dem Internet für die Restaurants, eine Reiseseite hat einmal geschrieben, dass sie für Khao Lak *alleine* so viele Empfehlungen wie für den ganzen Rest von Thailand erhalten haben. Weshalb? Das Essen ist gut in so ziemlich jedem Restaurant, aber was in Khao Lak heraussticht, ist der wunderbare freundliche Service, der dafür sorgt, dass die Kunden zurückkommen. Oft wird man Freund mit dem Personal.

Restaurant Sky

Das war bei uns nicht anders. Wir haben zwar anfangs viele Restaurants durchprobiert, sind am Schluss aber bei Jin hängengeblieben, da sie nicht nur phantastisch kocht, sondern auch so toll mit unserem Junior umging. Sie arbeitete damals in der „Phulay Bar and Restaurant", ganz am südlichen Ende von Bang La On (bevor es den Hügel hoch geht). Vor 3 Jahren hat sie ein eigenes Restaurant eröffnet: Das Sky. Die Menukarte ist phantastisch ausführlich – und trotzdem schafft sie es, so gut wie alles frisch zu machen und dabei noch die Wünsche der Gäste zu berücksichtigen – so ist es von thailändisch „hot-spicy" bis „not so spicy, please" (= für Thailand-Anfänger essbar) alles anpassbar. Sehr empfehlenswert ist die Tempura (im Teig frittiertes Gemüse und Crevetten) und klassischerweise die Tom Kha Gai Suppe. Mehr über thailändisches Essen findet man am Ende des Reiseführers.

Das Sky Restaurant in Khao Lak lohnt auf jeden Fall einen Besuch (und mehr) – und wenn ihr dort sind, sagt Jin „Hi" von den Kobis!

Ort: Zwischen La On und Bang Niang, knapp hinter dem „Ortsausgang", an der Straße, die zum Lah Own Resort führt. Parkmöglichkeit daneben (hinter dem Velostreifen).

DG: 8.65112, 98.25252 GMS: N 8°39'4.032" O 98°15'9.072")

Den Rest der Restaurants lasse ich Euch selber entdecken – das macht wirklich Spaß hier, da man praktisch überall gut isst und für jedes Budget etwas findet. Auf dem **Markt bei Bang Niang** gibt es (wie für Thailand üblich) ebenfalls viele Möglichkeiten an Essen zu kommen – hier auch etwas für Experimentierfreudige.

Café Kantary

Wem es nach Schwarzwälder Torte wie zu Hause, einem richtigen Eisbecher oder einem Eiskaffee gelüstet, dem sei das Café Kantary ans Herz gelegt. In gestylter, weißer Einrichtung genießt man hier die verschiedensten Torten, Waffeln, Crêpes, Eisbecher oder Frappés.

Ort: Ban La On (dem „Zentrum" von Khao Lak, auf der dem Meer näher liegenden Straßenseite, etwas südlich vom McDonalds.

DG 8.64255 98.25077 GMS N/ 8° 38' 33.18" O 98° 15' 2.772"

Privates Dinner am Strand

Romantik pur. Man kann ja in vielen Restaurants direkt am Strand essen gehen – in Khao Lak hat man dann von der Lage her am Abend immer Sicht auf den Sonnenuntergang (!). Aber: wer etwas spezielles will, der schaue, ob sein Hotel so ein Privatdinner am Strand anbietet. Es gibt wenig romantischeres, als ein feines Essen, bei Sonnenuntergang, mit Wellengeräuschen und die Füße im Sand. Und .... es ist oft günstiger, als man denkt. Etwa so viel, wie ein gutes Restaurantessen zu Hause – nur hat man da all die Extras nicht dabei.

Abendessen am Meer mit Sonnenuntergang

Nachtleben Khao Lak

Khao Lak hat den Ruf einer Familiendestination nicht zu Unrecht. Wer Aufregung und Partyleben sucht, findet weiter südlich auf Phuket (namentlich Patong) oder auf Pattaya mehr.

Aber: auch hier findet man freundliche Bars und kleine Clubs mit Livemusik, die auch nach 23 Uhr noch offen haben und Alkohol ausschenken. Vor allem in der Hochsaison läuft hier einiges:

In Bang Niang: vor allem in der Jerung Street: Bebob Bar, Smile Bar – oft mit Alleinunterhalter,

oder bis zur 5-Personen-Band: am bekanntesten/ größten ist der Zantika Nightclub, aber es gibt auch noch die 12 Bar, die Degree Bar, Song's Bar und die Bangrak Bar – direkt neben dem 7/11.

In Nang Tong: Happy Snapper Bar – für manche die beste in Khao Lak. Mit live Bands ab 22 Uhr, ab etwa Mitternacht fangen die Leute an zu tanzen. Hübsches Deko und wechselnde Veranstaltungen.

In La On: MonkeyBar mit Reggae Musik, Running Deer, Tarzan Bar

Es fällt auf, dass die Bars hauptsächlich an der Straße etwas im Landesinneren sind. Das hat seinen Grund darin, dass beim Tsunami 2004 alle am Strand liegenden Bauten zerstört wurden und die Besitzer deshalb abgeneigt waren, dort wieder zu bauen. Das hat in den letzten Jahren geändert, so dass sich auch am **Strand Bars** finden, meist aber kleinere. Manche davon, wie die Thai Bar, organisieren in der Hochsaison einmal monatlich auch **Fullmoon Parties**.

Cocktails kosten zumeist 120 Baht, Bier zwischen 60 und 90 Baht.

Moo Moo's Cabaret

Das ist Khao Laks Antwort auf das Simon Cabaret in Phuket und zeigt bunt-laute Ladyboy Shows mit Vorstellungen von 21.45 bis 23.15 Uhr jeden Abend.

Ort: Das Kabarett findet man knapp südlich dem Bang Niang Markt neben der Brücke. Zutritt ist gratis ... dafür sind die Getränke und Cocktails etwas teurer. Direkt gegenüber gibt es das **Ladyboy Cabaret**, das etwas früher mit der Show beginnt.

Khao Lak Boxing Stadium

Thaiboxen ist ein beliebter Sport in Thailand und die Teilnehmer trainieren lange und hart dafür. Manche Stadien in sehr touristischen Gegenden (ich seh' Dich an: Patong) präsentieren dem Publikum gespielte Kämpfe, aber andere nehmen das sehr ernst. Khao Lak Boxing Stadium ist das wahre und wöchentlich finden echte Kämpfe statt. Die Preise, die zu gewinnen sind, sind hoch, es wird gewettet und die Stimmung ist entsprechend. Geworben wird mit die Straße in Khao Lak und Umgebung hoch und runterfahrenden mit (lauten) Lautsprechern versehenen Autos mit Plakaten: „Tonight, and Tonight Only ...!"

Die Kämpfe finden jeden Freitag Abend statt, Beginnend um 21.45 Uhr

Ort: Gegenüber dem 7-Eleven/der Tankstelle auf dem Highway 4, ziemlich nördlich.

DG 8.68876 98.25389
GMS   N 8° 41' 19.536" O 98° 15' 14.003"

Märkte und Einkaufen

Im Thailändischen Leben spielen Märkte eine große Rolle – dort deckt man sich mit Lebensmitteln ein oder geht aus Essen, wenn man – wie das offenbar noch häufiger in Thailand vorkommt – keine eigene Küche hat. So sind die Märkte in und um Khao Lak auch keine ausschließliche Touristensache.

Einen ständigen Markt hat es in Bang Niang – gegenüber vom angeschwemmten Polizeiboot. Montag, Mittwoch und Samstag nachmittags ist die Hauptzeit – am größten ist der Markt am Samstag.

Zum Schutz vor der Sonne schoppt man unter aufgehängten Dächern, Tüchern, Schirmen, Zeltdächern. Man findet alles, was man so fürs tägliche Leben braucht: Früchte, Gemüse, Fleisch, Fisch, Gewürze bis zu Kleidern, Schuhen, Uhren, Blumen ... und alle Arten von Souvenirs.

Es gibt eine Menge Essensstände die Snacks aller Arten verkaufen, Hühnerflügel, Klebereis, PadThai, Fleisch-Spießchen und mehr. Besonders mutige probieren sich an den frittierten Käfern und Larven (die sind gar nicht so übel, sehr knusprig, schmecken nach wenig und gesalzen sind sie essbar).

Neben dem Markt hat es ein paar kleine Restaurants und Bars, wo man sich hinsetzen und das Marktleben etwas beobachten kann, wenn man genug davon hat.

DG 8.66696 98.25245
GMS   N 8° 40' 1.056"   O 98° 15' 8.819"

In Khuk Khak, etwa drei Kilometer nördlich von Bang Niang hat es an der Busstation einen großen Markt, der täglich geöffnet ist: von frühmorgens bis etwa Mittag. Hier decken sich vor allem die

Einheimischen (und die Restaurantbetreiber) mit frischem Gemüse, Früchten, Fisch und Fleisch ein.

In Takua Pa hat es ebenfalls einen großen täglichen Markt. Am besten fragt man vor Ort nach, wenn man ihn nicht findet.

Am Sonntag ist zusätzlich **in der Altstadt von Takua Pa** ein Markt, zu dem inzwischen (wegen der interessanten Umgebung) auch Touristentouren gehen. – Die Altstadt habe ich in einem späteren Tipp beschrieben.

Wer sonst einkaufen will, ist mit den **7-Eleven**, von denen es in Khao Lak und Umgebung einige hat, gut bedient.

Westliche Produkte findet man auch im **Nang Thong Supermarkt**. Der befindet sich an der Ecke der Hauptstraße 4 und der Straße, die zum Nang Thong Strand führt. Dort findet man ein breites Angebot auch an Wein.

 Ansonsten sind **alkoholische Getränke** nicht so leicht zu finden in Shops in Thailand ... und ganz offenbar existieren inzwischen Einschränkungen, so dass man alkoholische Getränke nicht zu allen Zeiten kaufen kann (wobei das in Realität nicht überall gleich streng gehandhabt wird): Erlaubt ist es von 11 bis 14 Uhr und von 17 bis 24 Uhr. Zu religiösen Feiern kann es sein, dass man das nirgends bekommt. In Restaurants und Hotels bekommt man aber alles, wobei Wein verhältnismässig teuer ist.

Wasserfälle

Sai Rung / Pak Weep Waterfall (Rainbow Waterfall)

Sai Rung ist der von Khao Lak am besten zugängliche Wasserfall. Die Straße geht knapp nördlich von Bang Niang ab von der Hauptstraße 4 auf Höhe des Kilometers 71, ca. 500 m hinter der Einfahrt zum Hotel Le Meridien Beach Resort oder aber über die Straße in Höhe des Kilometers 72. Nun den kleinen Betonstraßen bis zum Schild Richtung "Rainbow Waterfall" folgen (zwischen einem und zwei Kilometern) und dann rechts abbiegen. Nach weiteren rund 1,6 km gelangt man zum Parkplatz am Ende der Straße. Nur noch ein kurzer Spaziergang (ca. fünf Minuten) und man ist am Ziel.

Der insgesamt 60 m hohe Wasserfall wird in etwa 20 m Höhe von einer breiten Stufe unterbrochen, die das Wasser recht imposant in die Tiefe stürzen lässt. Ein kühles Bad ist hier so gut wie immer möglich, da der Wasserfall fast immer Wasser führt und sich auch am Ende der Hochsaison (im April) noch Wasser im unteren Becken befindet. Dieser Umstand macht den Wasserfall zu einem beliebten sonntäglichen Ausflugsziel für viele Thaifamilien.

DG 8.74143 98.27988
GMS   N 8° 44' 29.148" O 98° 16' 47.568"

Ton Chong Fa Waterfall / 5 Stufig im Nationalpark

Zum Fünfstufigen Ton Chong Fah Wasserfall, der vom Bang Niang Kanal gespeist wird, gelangt man über die kleine Straße, die in Höhe des Kilometers 62,7 der Hauptstraße 4 abzweigt. Der

Straße bis zum Schild zum "Chong Fah Waterfall" folgen und dann rechts abbiegen. Nach weiteren fünf Kilometern stößt man auf eine Schranke, der Einfahrt zum **Lamru Nationalpark** in dem der Wasserfall liegt. Nachdem man 200 Baht Eintritt (Kinder 100 Baht) gezahlt hat, geht es weiter zum Parkplatz.

Nach einem recht anstrengenden Fußmarsch (wenigstens durch schattigen Wald) von ca. 15 bis 20 Minuten gelangt man zur ersten Kaskade des 200 m hohen Wasserfalls. Wer weiter hinauf möchte, findet rechts neben dem Wasserloch einen kleinen ausgeschilderten Weg nach oben. Es lohnt sich auf jeden Fall, denn bei der obersten, fünften Stufe fällt das Wasser mehr als 20 Meter in die Tiefe und mit etwas Glück kann man den seltenen Schwalbenschwanz, andere hübsche Schmetterlinge, Insekten und Vögel beobachten.

Der Ton Chong Fa Wasserfall führt das ganze Jahr über Wasser, so dass einer Abkühlung bzw. Dusche in den meist knietiefen bis hüfthohen Wasserlöchern nichts im Wege steht. Am Ende der Hochsaison im April ist das Baden aufgrund des herrschenden Wassertiefstands nur noch im großen Wasserloch der zweiten Kaskade möglich.

Der Wasserfall ist hübsch – allerdings ist das der einzige Ort in Khao Lak, wo wir uns Blutegel aufgelesen haben. Nicht mal unbedingt im Wasser, die sitzen teils auch im Gebüsch. Die sind zwar ziemlich eklig, aber gesundheitlich ungefährlich. Tatsächlich ist das ein Zeichen für eine ziemlich naturbelassene Umgebung. Entfernen lassen sie sich entweder indem man wartet, bis sie voll sind und von selbst loslassen (etwa 20 Minuten) oder indem man sie vorsichtig abkratzt (nah an der Haut).

DG 8.65626 98.28714
GMS   N 8° 39' 22.536" O 98° 17' 13.703"

Übrigens kann man mit der Eintrittskarte den Lam Ru Nationalpark innerhalb der nächsten 72 Stunden mehrmals besuchen. – Zum Beispiel um die kurze Küstenwanderung zu machen, oder den Lam Ru Wasserfall zu besuchen.

Lampi Wasserfall

Etwa 30 Minuten südlich von Khao Lak neben der Hauptstraße 4 beim Kilometer 33 Schild geht die Straße ab. Der Weg vom Parkplatz bis zum Wasserfall ist kurz (ca. fünf Minuten zu Fuß). Es ist ein netter dreistufiger Wasserfall, am besten zu besuchen am Morgen oder am späten Abend. Das Becken unter dem Wasserfall ist tief genug, dass man hier schwimmen kann – was auch die Einheimischen tun. Hier hat man immer Leute, der Wasserfall ist ein beliebter Besuchspunkt nach diversen Touren. (Bild nä. Seite)

DG 8.46443 98.28009
GMS   N 8° 27' 51.948" O 98° 16' 48.324"

Ton Prai Wasserfall

Noch etwas weiter südlich gelegen ist das ein dreistufiger Wasserfall, der nach einem etwas anstrengenden (aber nur 650 m langen) Kletterweg durch den Dschungel erreicht wird. Der Weg ist gut angeschrieben, führt aber über Wurzeln, Bambusbrücke, Stein und Betonpfad. Der Wasserfall ist dafür relativ ruhig und nicht so stark besucht (manchmal täuscht ein voller Parkplatz, der aber auch für einen nahen Campingplatz gebraucht wird). Der Weg von der Hauptstraße 4 geht steil hoch. 30 km südlich des Nanthong Strandes von Khao Lak gelegen. (Straße beim Haadson Resort, gut beschildert). Die Straße geht über sechs Kilometer und wird zunehmend enger und bewaldeter. Beim Besucherzentrum muss man einen Eintrittspreis von 100 Baht zahlen, da dies auch zum **Lam Ru Nationalpark** gehört.

DG 8.43654 98.30888
GMS   N 8° 26' 11.544" O 98° 18' 31.968"

Lam Ru Waterfall

Der recht hübsche und einfach zu erreichende Lam Ru Waterfall liegt rund 35 km von Khao Lak entfernt, in der Nähe der Ortschaft Kapong. Er gehört zum (östlichen) Teil des **Lam Ru Nationalparks**.

Man fährt einfach auf der Petchakasem Road (der Hauptstraße 4) Richtung Süden (Phuket) und biegt an der großen Kreuzung nach links auf den Highway 4240 Richtung Thung Maphrao ab. Dann der Straße bis zur nächst-größeren Kreuzung folgen und links in den Highway 4090 abbiegen. Diesem folgen und nach ca. 15 km rechts in die kleine, frisch asphaltierte Nebenstraße Richtung "Lumru Waterfall" abbiegen – der Weg ist nur thailändisch angeschrieben. – Wer nicht einen großen Umweg fahren will und den englisch angeschriebenen Schildern durch Kapong folgen, nimmt die. Es lohnt sich! Nach 4,5 km deutet das Schild "Lumru Waterfall 800 m" nach rechts in ein schmales Schotter-/Betonsträsschen.

Hier hat es eigentlich eine Schranke zum Lam Ru Nationalpark, wo man 200 Baht pro Person (Kinder 100 Baht) zahlen muss – bei uns war die Schranke im April jedoch immer geöffnet und niemand zu sehen. Man parkiert wenig weiter beim kleinen Parkplatz. Nach einem zweiminütigen Fußweg rechts vorbei am kleinen Damm ist man dann am Ziel.

Der sieben-stufige Wasserfall, der seinen Ursprung im Kapong Kanal hat und in Bambus-, Rattan-, Palmen- und Farnwäldern eingebettet ist, führt das ganze Jahr über Wasser. Über einen schmalen Fußweg auf der rechten Seite gelangt man bis zur obersten Stufe, auf der man auch baden kann. Diese Stufe ist völlig waagerecht und erinnert an den Planschbecken.

DG 8.43654 98.30888
GMS   N 8° 26' 11.544" O 98° 18' 31.968"

Bild: Lam Ru Wasserfall

Hin Lahd Waterfall

Der Hin Lahd Wasserfall liegt acht Kilometer nördlich des Lam Ru Wasserfalls. In ihn münden gleich drei Flüsse auf einmal.

Außer dem kristallklaren Wasser und der felsigen Rückwand, die aussieht wie aus Ziegeln gebaut, bietet der Wasserfall nichts Spektakuläres. Er ist Treffpunkt für die Kinder der angrenzenden Dörfer, die sich hier abkühlen.

DG 8.65697 98.46211
GMS   N 8° 39' 25.092" O 98° 27' 43.595"

Tam Nang Wasserfall im Sri Phang Nga Nationalpark

Und zum Schluss noch ein echter Geheimtipp was Wasserfälle anbelangt: Der Wasserfall im **Sri Phang Nga Nationalpark**, nur etwa 30 Minuten nördlich von Khao Lak. Die Hauptstraße Nr. 4 führt durch Takua Pa, wo sie sich teilt in den Weg nach rechts in den **Khao Sok Nationalpark** und geradeaus geht es hoch nach Ranong. Auf diesem Weg, etwa 40 km nördlich von **Takua P**a liegt ein weiterer Nationalpark: Sri Phang Nga. Er scheint bisher von den Touristenhorden nicht entdeckt worden zu sein, selbst der phantastische Wasserfall nicht.

Der Abstecher in den Nationalpark ist gut angeschrieben – die Straße in den Park hinein wird stellenweise etwas eng, was einen aber nicht irritieren sollte. Der Eintritt kostet (100 Baht?). Beim Haupteingang steht ein Schild, dass der Wasserfall etwa 1,5 km entfernt ist … aber das muss man nicht alles laufen. Mit dem Auto fährt man weiter bis zu einem Parkplatz, wo auch ein Mini-Stand mit Fischfutter ist, das man erwerben sollte (für etwa 20 Baht).

Man folgt dann zu Fuß dem angeschriebenen Weg erst abwärts zum Fluss, wo sich eine Menge Fische tummeln, die wissen, dass sie gefüttert werden. Man sollte nicht alles Fischfutter loswerden, denn nach dem Weg ca. zehn Minuten auf und ab durch den grünen Dschungel kommt man zum großen Sri Tamnang Wasserfall, der laut Parkwebsite 63 Meter hoch ist – der wahrscheinlich größte in der Umgebung inklusive Phuket. Erstaunlicherweise ist er bis auf ein paar Einheimische, sehr spärlich besucht. Wir hatten ihn über eine Stunde für uns alleine, bis etwa um 12 Uhr ein paar weitere thailändische Besucher auftauchten. Im Becken unter dem Wasserfall kann man schwimmen … mit denselben teils großen Fischen wie im Fluss weiter unten.

DG 8.99635 98.46823
GMS   N 8° 59' 46.86"   O 98° 28' 5.628"

Bild: Tam Nang Wasserfall im Sri Phang Nga Ntl Park

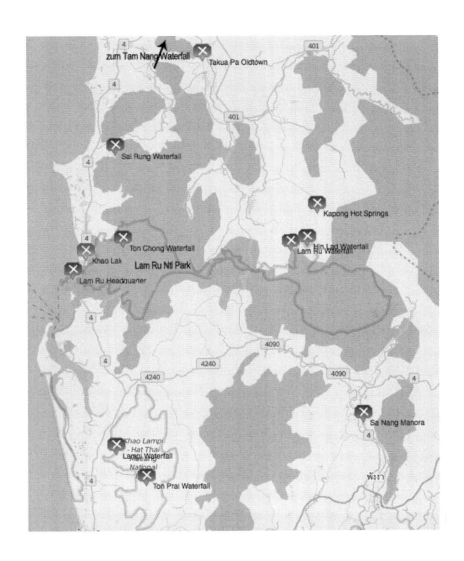

Übersichtskarte Wasserfälle in der Umgebung von Khao Lak.

Lam Ru Nationalpark

Der Nationalpark ist 125 km^2 groß und reicht vom Meer im Westen bis ins hüglige Hinterland im Osten. Der Nationalpark hat seinen Namen nach seinen höchsten Erhebungen: Lak und Lam Ru. Der Teil, den man auf dem Weg nach Khao Lak durchquert ist nur ein kleiner Teil. Das Hauptquartier liegt etwa 50 Meter neben der Hauptstraße 4, in Richtung Meer, der Weg dorthin ist beschildert und geht oben auf dem Hügel zu Khao Lak ab.

DG 8.62685 98.23904
GMS   N 8° 37' 36.66"   O 98° 14' 20.544"

Beim Hauptquartier startet auch der kurze **drei Kilometer lange Nature Trail** entlang dem Cape. Dauer etwa eine Stunde mit Aussichtspunkten über Küste und Meer und einem schönen, einsamen Strand. Unbedingt genug zu trinken und festes Schuhwerk mitnehmen – auch wenn der Weg hier nicht so anspruchsvoll ist. Beim Visitor Centre / Hauptquartier hat es ein Open-Air Restaurant mit Aussicht aufs Meer.

Im Park hat es diverse weitere Wanderwege, zum Beispiel den fünf, respektive sieben Kilometer langen **Namtok Ton Fa Nature Trail** (Dauer ca. zwei respektive 5 Stunden) – dafür braucht man aber einen Führer.

Der **Chong Fa Wasserfall** bei Khao Lak befindet sich hier im Park und auch der **Lam Ru Wasserfall** – und der **Hin Lad Wasserfall** im östlichen Ende des Parks bei Kapong.

Die **heißen Quellen von Kapong** befinden sich knapp außerhalb.

Der Eintritt in den Park kostet, das Ticket kann 72 Stunden verwendet werden – auch bei anderen Parkeingängen.

Kapong und Heiße Quellen

Zwischen Khao Lak und dem Landesinnern liegt hügeliges Gebiet, durch das noch keine Straße führt. Wer nach Kapong (oder zum Lam Ru Wasserfall) will, muss deshalb immer einen Umweg nördlich oder südlich darum herum fahren. Das kann man aber zu einer **hübschen Halbtages-Tour kombinieren**, die durch grüne Landschaft führt.

Von Khao Lak fährt man auf der Hauptstraße 4 nach Süden (15,5 km) bis zur großen Abzweigung nach links in Richtung Thung Maphrao auf der 4240. Man folgt der Straße bis zur nächsten großen Abzweigung, wo man die 4090 nach Norden nimmt.

(Wer mutig ist und gute Karte respektive Navigations-Gerät dabei hat, nimmt vorher die 4003, eine schmale, asphaltierte Dorf- und dann Landstraße die durch ungemein schöne, ländliche Gegenden fährt und auch auf der 4090 endet.)

Kommt man von der 4090 zweigt nach etwa 15 km eine neu gemachte Asphaltstraße nach rechts ab (DG 8.64169 98.40947 / GMS N 8° 38' 30.084" O 98° 24' 34.091"). Die ist leider nur auf Thailändisch angeschrieben, führt aber zum **Lamru Waterfall** (siehe voriges Kapitel). Ansonsten fährt man direkt weiter nach Kapong und folgt den hier gut ausgeschriebenen Schildern zum Wasserfall.

Weiter geht es danach auf **Kapong**. In Kapong findet am Sonntagmorgen ein großer Markt statt: links in der Seitenstraße. Kapong selber ist ein sehr untouristisches, thailändisches Dorf.

Der **Wat Inthaphum in Kapong** hat einen Chedi-Stupa und Naga-(Schlangen)Treppe und chinesischem (dickem) Buddha.

Tempel: DG 8.68917 98.40814
GMS   N 8° 41' 21.012" O 98° 24' 29.304"

Man fährt daran vorbei zum nördlichen Ortsende, wo an den Schildern "Park Weep Waterfall 3 km" und "Hotsprings 8 km" die gute Straße 3002 nach Norden abbiegt.

Dann folgt man den „Hot Spring" Schildern (gelegentlich amüsant falsch geschrieben) auf die 5014, die rechts abbiegt. Auf der Straße bleibt man, bis sie etwas abrupt in einen Sandweg endet. **Die heißen Quellen** sind da nicht weiter ausgeschildert, aber genau dort geht es rechts 500 m runter zu den Hot Springs, die am und im Flussbett sehr heiß (!) hervorsprudeln und sich mit dem kalten Flusswasser vereinen. Weiter unten kann man im Mischwasser ein Fußbad nehmen. Mit gutem Auto kann man auf dem Feldweg praktisch an den Fluss fahren. Es gibt auch Möglichkeiten zum parkieren (nicht beschildert).

Quellen: DG: 8.66979 98.47132
GMS N 8° 49' 11.244" O 98° 28' 16.752"

Takua Pa Altstadt

Anfahrt von Süd-Osten und Weiterführung der Tour oben: Zurück zur 3002 und ihr weiter nach Norden folgen, bis sie auf die 401 trifft. Man biegt nach links ab und folgt ihr etwas über 4 km, bis zur 4090, auf die man links abbiegt, dann geht es über eine Brücke und danach gleich rechts auf die 4032. Der Straße folgt man vorbei am Abzweiger (links) zur 4005 bis direkt in **die Altstadt von Takua Pa.**

DG 8.82838, 98.36347
GSM N 8° 49' 42.168" O 98° 21' 48.492"

Takua Pa selber ist heute das größte Handelszentrum der Region und entsprechend belebt. **Die Altstadt** liegt etwas verborgen, ist aber sehenswert. Am besten erkundigt man sie zu Fuß. Das Stadtbild ist durch die alten Arkadenhäuser sehr chinesisch geprägt. Jedes zweite bis dritte Jahr im September wird die Innenstadt ein paar Tage lang bis zu einem Meter hoch überflutet. Die Bausubstanz leidet darunter, doch die Häuser verbreiten immer noch einen gewissen morbiden Charme. Mit Wandmalereien, chinesischen Hausschreinen und der Arbeit und dem Einsatz der hier lebenden Leute ist es ein kleines Schmuckstück. Am Ende der Straße gibt es einen **Chinesischen Tempel.**

In der Saison findet jeden Sonntag Nachmittag in Old Takua Pa ein **historischer Straßenmarkt statt**, der inzwischen auch von Touristentouren angesteuert wird.

Es lohnt sich sehr, hindurch zu schlendern und ein paar ungewöhnliche Snacks zu probieren.

Der schnellste Weg nach Khao Lak geht zurück zur **Pakweep-Straße**, die 4005. Sie ist zwar neu, weist aber einige tückische Schlaglöcher auf. Dennoch ist sie ein landschaftlicher Leckerbissen.

Sie führt 23,2 km durch grüne Wälder und Plantagen nach Westen bis zur Hauptstraße 4 (beim Kilometer 71,8). Von hier sind es nur noch 11,8 km zurück nach Khao Lak.

Orchid Garden und Butterfly Farm Khao Lak

Ziemlich versteckt und etwas neben der Hauptstraße 4 steht ein kleines Schild, das einen über einen kurzen (nicht asphaltierten) Weg zum Orchideengarten und Schmetterlingsfarm führt. Man denke sich das Papilliorama im (sehr) Kleinformat. Gewundene Wege mit dazwischen herumflatternden Schmetterlingen führen einen durch einen tropischen Garten zur Orchideensammlung. Die hübschen Blumen sind eine der größten Pflanzengruppen und man findet sie an vielen Orten. Thailand ist bekannt dafür und beherbergt über 1100 Arten. Ein hübscher kleiner Abstecher, der immer irgendwo dazwischen passt. Im Souvenirshop lassen sich viele mit Orchideen und Schmetterlingen zusammenhängende Souvenirs kaufen. Parfum, Magnete, geschnitzte Seifen, und natürlich Orchideen selber – die darf man mit entsprechendem Zertifikat auch nach Europa mitnehmen.

Geöffnet täglich von 9 bis 17 Uhr von November bis Ende April. Eintritt 100 Baht für die Orchideenfarm und 150 Baht für die Schmetterlinge

Von Phuket her kommend: auf der Hauptstraße 4 nach Norden, am Abzweiger links zum Bang Niang Beach und La Flora vorbei, am Markt vorbei. Nach einer leichten Rechtskurve sieht man die Tankstelle auf der linken Seite. Gegenüber der Tankstelle ist der Eingang auf der rechten Seite der Straße – zwischen Kilometer 64 und 65. Man darf den Weg bis zur Farm fahren.

DG 8.69411 98.25682
GMS   N 8° 41' 38.796" O 98° 15' 24.552"

Khao Lak Minigolf

Minigolf in Khao Lak ist etwas zum unternehmen mit der Familie, wenn man mal Abwechslung vom Strand will. Der Platz liegt inmitten grüner Pflanzen und tropischer Landschaft. Die Bäume geben Schatten, dazwischen sprudelt ein Bächlein, es hat einen „alten Tempel" und die Bahnen sind gut präpariert (wenn auch augenscheinlich etwas älter).

Ort: bei der Straße zum Chong Fah Wasserfall, Bang Niang Beach. (Beschildert)

Turtle Sanctuary

Das Phang Nga Coastal Fisheries Research and Development Center (auch bekannt als Schildkröten-Himmel) wurde 1985 gegründet. Anfangs war es aber nur eine Forschungsstation mit dem Ziel, Muscheln und Shrimps zu züchten. 2002 wurde es dann umgebaut in das heutige Zentrum.

Das Ziel des Zentrums ist es, einen großen Bereich des marinen Lebens unterzubringen, zu vermehren und zu schützen. Dazu forschen sie auf diesem Gebiet auch draußen im Meer und setzen Vorschriften für das Fischen. Sie suchen nach Möglichkeiten die Tiere zu erhalten und zu züchten (auch für kommerzielle Zwecke).

Hier findet man die verschiedenen Schildkrötenarten (und Fische, Krebse, Riesen-Muscheln, Seesterne und mehr) in großen Salzwasserbehältern aus Beton, zwischen denen man laufen und in die man schauen kann. Es sieht etwas ... grob aus, erfüllt aber seinen Zweck und die Tiere die sich hier finden lassen sind wirklich speziell.

Im Center finden sich 4 Schildkrötenarten, die heute gefährdet sind: Grüne, Riddley-, Hawksbill- und Lederrücken-Schildkröte Diese Spezies finden sich in der Andaman See, vor allem um die Similan und Surin Inseln. Sie werden ausgebrütet und verbringen die ersten Monate hier um dann mit etwa 8 Monaten freigelassen zu werden. Mit einer Spende kann man (wenn man zum richtigen Zeitpunkt hier ist: Anfang März) selber eine Schildkröte am Strand ins Meer freilassen. Es hat Tanks für kranke und verletzte Tiere.

Ort: Man findet das Zentrum an der Straße entlang dem Thai Muang Strand, etwa 30 km südlich von Khao Lak. Der Abzweiger auf diese Straße ist im Ort Thai Muang an der Hauptstraße 4 – man fährt dazu durch den großen Metalltorbogen (der neben dem chinesischen Tor steht) anstatt der Kurve der Straße zu folgen.

DG 8.42029 98.24212
GMS   N 8° 25' 13.044" O 98° 14' 31.631"

Tempel und Religion

In Thailand gibt es gibt keine offizielle Staatsreligion und es herrscht Religionsfreiheit. 95% der Einwohner gehören aber dem Theravada Buddhismus an – und der König sogar vom Gesetz her. Thailands Buddhismus hat einen starke Unterströmung von Hinduismus und ein thailändisch-chinesischer Teil praktiziert diverses chinesische Volksreligionen, inklusive Taoismus. Im südlichen Teil von Thailand ist ein Teil der Bevölkerung (hauptsächlich Malayen) Muslime, die machen etwa 5% der Gesamtbevölkerung aus. Christen sind nur etwa 1%

Buddhistische Mönche sieht man vor allem morgens durch die Straßen wandern. Sie haben meist eine Schale mit sich, in der sie Essensspenden empfangen. Frauen können im Theravada Buddhismus nicht Mönch (oder Nonne) werden, aber sehr viele Männer haben als Jungen eine Zeit als Novize in einem Kloster verbracht – früher die einzige Möglichkeit an eine (höhere) Ausbildung zu kommen. Heute gibt es dafür das stattliche Bildungssystem, das aber auch noch oft mit den Tempeln und Mönchen zusammenarbeitet.

Der Besuch der Tempel steht auch Touristen frei, allerdings sollte man sich respektvoll verhalten und anständige Kleidung tragen: Miniröcke oder kurze Hosen und Oberteile mit Spaghettiträgern sind nicht okay, genau so wenig wie oben ohne bei Männern.

Vor dem Betreten des Tempels die Schuhe ausziehen. Bei den Tempeln hat es deshalb oft Schuhregale, man kann sie auch einfach vor den Stufen auf den Boden stellen.

Nicht auf die Türschwelle treten: da leben die Hausgeister und wenn man denen auf den Kopf tritt, bringt das Unglück.

Keine Buddha Figuren anfassen oder besteigen. Außerdem wird schon am Flugplatz darauf hingewiesen, dass man keine Buddha Figuren und Bilder kaufen und ausführen soll.

Fotografieren mit Respekt: auf Blitzen verzichten, Personen vorher fragen, ob sie einverstanden sind.

Die Thailänder sind aber wirklich sehr locker, was das Verhalten der Touristen angeht ... und in den Tempeln ist die Atmosphäre auch oft alles andere als gedämpft.

Tempel in Khao Lak

In Khao Lak hat es zwei große hübsche thailändische Tempel, praktisch gelegen an der Hauptstraße 4.

Wat Khomniyaket direkt bei der Einfahrt des JW Marriott (mit Tierfiguren, die auf den animistischen Teil der Religion deuten)

DG 0.70597 98.25747
GMS   N 0° 42' 21.492" O 98° 15' 26.891"

Wat Pattikaram, südlich des Hügels beim Lampi Wasserfall.

DG 8.44248 98.25738
GMS   N 8° 26' 32.928" O 98° 15' 26.567"

Sehr schöne Tempel zu besuchen gibt es weiter südlich**: in Phang Nga** – dazu folgt man einfach der Hauptstraße 4 nach Süden und biegt statt nach Phuket zu fahren links auf Phang Nga ab.

Wat Suwan Kuha

Wat Suwan Kuha oder Wat Suwannakuha oder auch Wat Tham, auch bekannt als der Tempel mit dem großen Buddha in der Höhle.

Erstaunlicherweise ist der Abzweiger von der 4 (nach links) nicht gekennzeichnet, oder zumindest nicht in englisch. Aber es hat ein Schild, das zum „Raman Waterfall National Forest" zeigt – dem folgt man einfach. Nach etwa einem halben Kilometer kommt man zum großen Parkplatz des Tempels.

DG 8.42884 98.47056
GMS   N 8° 25' 43.824" O 98° 28' 14.016"

Der Eingang zur Höhle mit dem Buddha ist auf der rechten Seite des Parkplatzes durch ein schön (blau) angemaltes Tor.

Relativ viele Touren und Touristen besuchen diesen Tempel, weshalb sich eine ganze Infrastruktur von kleinen Shops auf dem Parkplatz gebildet hat. Diese verkaufen neben Getränken, Eis, T-Shirts und weiteren Souvenirs auch Erdnüsse für die vielen Affen hier. Bei Touren sorgt der Führer mit einer Steinschleuder dafür, dass die Affen nicht zu aufdringlich werden, Einzeltouristen müssen selber wachsam sein, damit ihnen nichts abhanden kommt.

In der Höhle selber (man zahlt Eintritt), hat man außer der 15 m großen liegenden Buddhastatue einige kleinere goldenen Statuen und die Möglichkeit, sich die Zukunft mittels aufgestellter Maschine vorhersagen zu lassen – das leider nur auf thailändisch.

Im hinteren Teil der Höhle führt eine Treppe nach oben (und außen). Folgt man ihr kommt man auf ein Plateau von dem aus links wiederum eine Treppe nach unten in eine hübsche Tropfsteinhöhle führt.

Wat Thamtapan

Dieser Tempel ist etwas ... anders. Man findet ihn am Ende der Soi Thamtapan, einer kleinen Seitenstraße. Anfangs denkt man, man ist überraschend in einem etwas surrealen Disneyland gelandet. Aber hier hat es nicht nur Tierfiguren, sondern eine Menge teils beunruhigender Abbildungen, wie sich der Thailänder die Hölle vorstellt.

Durch das Drachenmaul (und einen langen abwärtsführenden

Gang dahinter) kommt man in die Hölle, respektive, wenn man den Weg links der Felswand entlang nimmt, zur Andachtsstelle eines Mönches in einer halb-Höhle, der auch einen Farang (Nicht-Thailänder) gerne (gegen entsprechendes Gegengeschenk) segnet.

Die Buddhistische Hölle wird in Thai Narok genannt. Und wer die Bilder hier sieht, begreift, dass es eine gute Idee ist „gut" zu sein im Leben.

Geht man geradeaus am Drachen vorbei, findet man im hinteren Teil der Tempelanlage auf der linken Seite Gedenkstatuen von Mönchen, ein großes Schaubild an der Felswand und rechts, etwas versteckt hinter den Hütten, eine wackelige und steile Treppe, die auf eine Aussichtsplattform und ein Schrein oben auf dem Hügel führt.

DG 8.45393, 98.52807
N 8° 27' 14.148" O 98° 31' 41.051"

Wat Bang Riang - Pagoda Temple

Auch Wat Rat Upatam genannt. Der Tempel liegt auf einer Anhöhe und enthält drei verschiedene Tempel-Stile kombiniert: Thai, Chinesisch und Chedi Pagode. In einem Schrein wird ein Zahn von Buddha aufbewahrt. Der Tempel liegt ziemlich weit im Landesinnern, 40 km nördlich von Phang Nga. Ganz oben auf dem Hügel blickt eine große sitzende goldene Buddhastatue über das Land. Es hat viele Treppen, aber die Aussicht über die grünen Hügel lohnt sich. Der Tempel wird vor allem von thailändischen Touristen besucht, ist aber sehenswert.

DG 8.59346, 98.66891
N 8° 35' 36.456" O 98° 40' 8.075"

3 Tempel Tour

Viele Tourenanbieter bieten 3-Tempel Touren an, manchmal mit unterschiedlichen Tempeln. So gut wie immer dabei ist **Wat Suwan Kuha** in der Höhle und häufig **Bang Riang** auf dem Hügel.

Es ist eine ganztägige Tour, inklusive Transfers, Tempeleintritte und Mittagessen / Getränke.

Man wird morgens im Hotel abgeholt und besucht nacheinander die Tempel, wobei man etwas über die Religion und die Geschichte erfährt. Dazwischen gibt es feines Mittagessen in einem thailändischen Restaurant, abends wird man wieder zurück gebracht.

Weil die Tempel etwas entfernt liegen (speziell Wat Bang Riang) bedeutet das einiges an Autofahren, weshalb die Tour nicht unbedingt etwas für Kinder ist. Man kann sie aber auch selber unternehmen und anders zusammenstellen.

Geisterhäuser

Vor vielen Häusern in Thailand stehen diese kleinen Häuschen oder Schreine – meist auf Stelzen oder einem Sockel. Die Größe variiert von Schuhschachtelgroß bis zur Größe eines kleinen Einfamilienhauses hier. Es sind Geisterhäuser, Schreine für die Naturgeister in Thailand. Eigentlich sind das Reste des alten animistischen Glaubens, der aber vom Buddhismus geduldet wird.

Sobald ein Grundstück erbaut wird, errichtet man diese Häuser für die hier lebenden Geister, um sie zu beschwichtigen. Man findet sie aber auch an unfallträchtigen Straßen. Den Geistern werden Opfer in Form von Speisen und Getränken gebracht und der Stil ist meist attraktiver als das Hauptgebäude – damit die Geister nicht dorthin umziehen ...

Bild: Geisterhäuschen in einem Elefantencamp in Khao Sok

Phang Nga

Die Stadt Phang Nga selber ist nicht sehr bemerkenswert.
Wirtschaftlich scheint sie momentan sehr im Aufwind zu sein – es
wird viel gebaut. Eine Altstadt gibt es nicht zu besichtigen, aber es
hat genug Möglichkeiten für Unterkünfte und auch einige
Restaurants. Die Stadt liegt inmitten der grünen hügeligen
Landschaft und vor den Mangrovenwäldern der Küste und dient
hauptsächlich als Ausgangspunkt für Touren in die Phang Nga
Bucht mit ihren Attraktionen.

Wer keine Tour buchen möchte, kann am Surakul Pier auch
einfach ein Boot mit Führer mieten.
Pier: DG: 8.39005, 98.46033DG   8.39005 98.46033
GMS   N 8° 23' 24.18"   O 98° 27' 37.187"

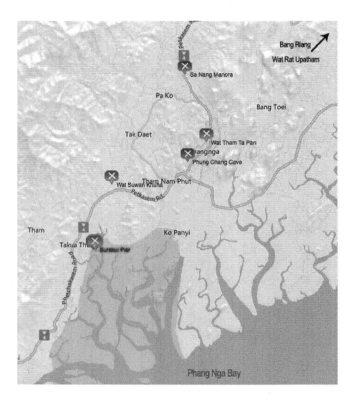

Phung Chan Höhle

Das ist kein Tempel, aber auch in der Nähe. Sehenswert ist die Phung Chan Cave oder Elefantenbauch-Höhle. Der Fels in dem sie liegt, sieht aus wie ein (versteinerter) Elefant ... also ist die Höhle im Bauch. Logisch.

Auch sie liegt nur wenig neben der Hauptstraße 4 – etwas weiter in Phang Nga selber.

Für 500 Baht kann man eine 30-40 Minütige Tour machen, bei der einem auch die interessanten Felsformationen der Tropfsteinhöhle gezeigt werden. Da ein Großteil der Tour im Wasser stattfindet (mit Kajak, Bambusfloss oder watend) empfiehlt es sich, kurze Hosen anzuziehen (und wasserfeste Schuhe).

DG 8.44217 98.51684
GMS   N 8° 26' 31.812" O 98° 31' 0.624"

Sa Nang Manora Wasserfall Wald Park

Etwa fünf Kilometer nördlich von Phang Nga liegt ein „Wasserfall Wald Park": **Waterfall forest park Sa Nang Manora**. In der Gegend hat es einige Wasserfälle und Höhlen.

Man folge den Schildern und der Straße nach der Abzweigung von der Hauptstraße 4 nach rechts (von Süden her kommend)

Ein zwei Kilometer langer **Naturwanderweg** (Nature trail) und eine **Fledermaushöhle** (Bat Cave) sowie eine **Muschelhöhle** (Shell Cave) sind markiert.

Durch die Bäume hindurch trifft man schon nach kurzem Weg auf ein paar Wasserbecken und Wasserfälle. An einem heißen Tag ist das ein toller Abstecher zum abkühlen. Die Wasserfälle sind nicht spektakulär, aber mit der grünen Umgebung und der Ruhe hier ist das ein paradiesischer Ort.

DG 8.49414 98.51524
GMS   N 8° 29' 38.904" O 98° 30' 54.864"

Phang Nga Bay Tour

Nur eine Stunde mit dem Auto von Khao Lak entfernt ist diese wundervolle, große Bucht (401 km^2 macht alleine der Nationalpark-Teil aus) mit **Mangroven Wäldern** an den Rändern und steil hervorstehenden Karst-Formationen (Kalksteinhügel) die aus dem Wasser ragen.

Der bestbekannte Teil ist **Koh Tapu** – allgemein als James Bond Felsen bekannt, aber es gibt noch weitere schöne Inseln, Felsformationen, Höhlen und Steinmalereien.

Phang Nga Bay ist eine UNESCO World Heritage Site. Ursprünglich entstanden aus dem Boden und den Korallenablagerungen eines urzeitlichen Meeres, das durch Faltung aufgeworfen wurde und danach größtenteils wieder abgetragen. Es hat somit denselben Ursprung wie Halong Bay (in Vietnam) – und das sieht man. 42 Inseln gibt es in der Bucht – und die einzigartige Landschaft zieht jährlich viele Touristen an. Für den Besuch lohnt es sich, eine Tour zu buchen ...

Eine Tages-Tour verläuft in etwa so:

Abholung beim Hotel etwa um 8 Uhr (die genaue Zeit wird bei Buchung bekanntgegeben) und Fahrt nach Süden – etwa eine Stunde zu einem kleinen Pier in den Mangroven bei Phang Nga Bay.

Je nach Stand der Gezeiten fährt man mit einem **Long-Tail Boot** durch die Mangroven ... nicht alle Wege sind bei Ebbe offen. Überhaupt ist das Meer hier nur wenige Meter tief – ein Grund weshalb es nicht oft hohe Wellen hat. Trotzdem ist es gut, wenn man seine Kamera zwischendurch vor (Spritz-)Wasser geschützt hält.

Ko Tapu – James Bond Island

Erster Stopp ist meistens Koh Tapu oder eben: James Bond Island. Der 20 m hohe einsam im Meer stehende Felsklotz kam im James Bond Film „Der Mann mit dem goldenen Colt" von 1974 prominent zur Geltung ... wer allerdings glaubt das Versteck oder besser die großartige Villa des Bösewichtes Scaramange hier zu finden, wird enttäuscht: auch in der Felsspalte mit der

Gedenkplakette ist sie nicht zu finden. Ein schmaler Weg führt auf der rechten Seite hoch und halb um die Insel herum zu den Resten eines Piers (den es weggeschwemmt hat) und einem kleinen Sandstrand.

Mitten auf der Insel hat es außerdem inzwischen eine Menge kleine Souvenirshops, wo man auch Eis bekommt. Man sollte davon Abstand nehmen die hier angebotenen Muscheln und Korallen zu kaufen – die darf man nämlich nicht ausführen.

Alleine ist man hier nie ... außer vielleicht man organisiert mal eine Privattour gegen Abend – nach 17 Uhr ist die Insel wieder verlassen.

Kajak fahren in der Phang Nga Bucht

Weiter geht es mit dem Longtail-Boot zu einer Kanu-Station: ein größeres Boot das fest angemacht ist in der Nähe von Felsen mit Höhlen. Dort steigt man auf Kanus um und paddelt mit einem Führer während etwa 30 bis 45 Minuten durch Mangroven und Höhlen. Bei manchen Touren kann man sich auch paddeln lassen.

Zurück zum Longtail-Boot kommt man unterwegs an Malereien an den Felswänden vorbei: Fische und Delfin sind erkennbar. Das Alter der Zeichnungen ist unbekannt.

Koh Panyi - Seezigeunerdorf

Im Fischer-Dorf Koh Panyi gibt es eine kleine Führung. Das 300 Jahre alte Dorf ist komplett auf Stelzen erbaut, nur ein kleiner Teil (dort wo die Moschee steht) ist Land. Beim Tsunami ist übrigens keiner der Einwohner umgekommen sagt man, da sie durch das zurückgehen des Meeres gewarnt waren und jemand gewusst hat, was das bedeutet und sie dann auf die Höhe geflüchtet sind. Im Dorf gibt es außer der Reihe Restaurants auch eine Vielzahl an Shops.

Zurück zum Festland besucht man auf der Tour auch noch den Höhlentempel mit den Affen: **Wat Suwanakhua**.

Inklusive auf der Tour: Transfers, Nationalparkgebühren, Schwimmwesten (vor allem für die Kinder), Mittagessen und (nicht-alkoholische) Getränke, Versicherung und Führer.

Mitnehmen: Sonnenschutz, Hut (mindestens für den Kanu-Ausflug, aber auch sonst), Fotoapparat in wasserfester Tasche, Badetuch, Badeanzug.

Phang Nga Bay mit der Chinesischen Dschunke

Ein Ausflug zum buchen für romantische Momente: Sunset Dinner Cruise. Abendessen bei Sonnenuntergang in der malerischen Phang Nga Bucht an Bord einer chinesischen Dschunke.

Man wird am späten Nachmittag vom Hotel abgeholt, Fahrt zum Yacht Hafen Marina in Phuket. Abendessen auf der June Bahtra, einer traditionellen Chinesischen Dschunke. Am Abend ist die Bucht praktisch verlassen (von Touristen und Einheimischen) und bietet bei Sonnenuntergang wunderschöne Motive. Dazu ein feines Essen und alles ist perfekt.

Danach wird man via Marina wieder zum Hotel zurückgebracht.

Tsunami 2004: Museum, Boot und Memorial

Khao Lak war eine der am härtesten betroffenen Regionen des Tsunamis, der im Dezember 2004 nach dem Erdbeben im indischen Ozean auftrat. Ein Großteil der Landschaft an der Küste wurde dabei zerstört. Die lokale Wirtschaft war ebenfalls stark betroffen. Zu dem Zeitpunkt befanden sich noch viele Resorts im Aufbau und wurden vom Tsunami zerstört. Das und der Verlust an Menschenleben (über 4000 – im Vergleich zu Phuket: 300) warfen die aufsteigende Tourismusdestination stark zurück. Inzwischen hat sich Khao Lak aber erholt – die Resorts wurden wieder aufgebaut, die lokale Infrastruktur ebenfalls und die nicht vom Tourismus abhängige Population ist auf einem Level wie vor dem Tsunami.

Navy Boat 813

Eine bleibende Erinnerung an den Tsunami liefert das Navy Boat 813, das von der Welle ins Landesinnere geschoben wurde und das immer noch dort liegt – inzwischen ist es ein Denkmal.

Das Boot ankerte vor der Küste und hatte die Aufgabe auf ein Mitglied der königlichen Familie: den Enkel, der vor Khao Lak Jetski fahren war, aufzupassen. Die Macht des Tsunamis hat das fast 25 Meter lange Boot losgerissen und es über einen Kilometer ins Innere des Landes getragen. Der Enkel kam dabei ums Leben, seine Mutter, Prinzessin Ubolratana war an Land und konnte sich mit anderen in die oberen Stockwerke des Flora Resorts flüchten, wo sie überlebten. Das große Navyboat liegt noch heute an der selben Stelle, an der es angeschwemmt wurde – fast zwei Kilometer vom Meer entfernt im Landesinneren. Man ließ es als Memorial stehen. Über die Jahre wurde die Umgebung entwickelt, früher lag es auf der Seite, fast einsam in einem weiten, grünen

Feld, heute ist das Boot und das Feld befestigt und Gedenktafeln erinnern an das Ereignis.

Ort: landseitig etwas hinter der Hauptstraße 4 gelegen, gegenüber dem Bang Niang Markt. Inzwischen ist es von der Straße nicht mehr so gut sichtbar, da dort neue Häuser entstehen.

DG 8.66649 98.25469
GMS   N 8° 39' 59.364" O 98° 15' 16.883"

Tsunami Museum

In der Nähe des Memorials, vorne an der Hauptstraße (etwas nördlich) liegt das Internationale Tsunami Museum. Es bietet auf zwei Stockwerken kleine, ziemlich karge Räume mit Fotos und vor allem Videos, die in Dauerschlaufe auf kleinen Bildschirmen in den Räumen laufen mit Informationen über Tsunamis im Allgemeinen und über den Tsunami 2004 und die Auswirkungen auf Khao Lak und Umgebung im Speziellen.

Einige dieser Filme habe ich schon auf youtube gesehen, es sind Augenzeugenberichte und -aufnahmen die einem deutlich machen, welche Macht diese Welle hatte ... und dass es nicht, wie man sich das oft vorstellt eine Meterhohe Flutwelle ist, sondern eine unaufhaltsame Macht, die deshalb so gefährlich ist, weil sie eine Menge Trümmer mit sich schwemmt, die alles zerdrücken und weiter zerstören.

Tsunami Memorial in Baan Nam Khen

Ein sehr betroffener Ort war das Fischerdorf Baan Nam Khen, nördlich der Strände von Khao Lak. Dort steht heute der Baan Nam Khem Tsunami Memorial Park, etwas westlich des Dorfes (und Piers zu Ko Kho Khao) gerade am Strand. Der Park ist gut unterhalten und hat ein kleines Museum mit vielen Fotos. Das Memorial besteht aus zwei längeren Wänden. Eine ist Beton und geformt wie eine große Welle, die gegenüberliegende Wand ist bedeckt mit Namensschildern, manche mit Fotos, andere mit frischen Blumen. Eine Wand voller Leute, die es nicht mehr gibt, die man aber nicht vergessen hat, darunter auch einige Europäische Namen.

Ort: An der Landzunge nahe dem Pier zur Insel Ko Kho Khao.
DG 8.85919 98.26523
GMS N 8° 51' 33.084"O 98° 15' 54.828"

Tsunami Warnsystem

Wegen dem Tsunami hat man ein Warnsystem eingerichtet – das im April 2012 nach einem Erdbeben vor Sumatra erfolgreich getestet wurde und das eine Warnung etwa zwei Stunden vorher herausgeben kann – genug Zeit um höhergelegenen Grund zu erreichen.

Die Schilder, welche die Evakuations-Routen anzeigen sieht man heute an vielen Orten an der Küste ... auch wenn einige davon inzwischen ziemlich ausgebleicht sind.

Ko Kho Khao

Nördlich von Khao Lak, fast auf Höhe von Takua Pa liegt eine Insel, nur eine zehnminütige Bootsfahrt vom Festland entfernt und die im touristischen Aufwind liegt. Auf Ko Kho Khao findet man vor allem die Leute (und Familien), die eine Stranddestination in Thailand suchen, die nicht so verlassen oder weit entfernt liegt, aber dennoch ruhig ist. Das ist Ko Kho Khao sicher – die langen goldenen Strände sind ihr Hauptanziehungspunkt, sie sehen aus wie die in Khao Lak weiter südlich. Das Wasser ist nicht ganz so klar und hat auch nicht das Tierleben, das sich auf den Similan oder auf Surin Inseln findet, aber man kann darin schwimmen, romantisch den Strand entlanglaufen und die Sonnenuntergänge genießen.

Die Insel ist etwa 16 km lang und besteht hauptsächlich aus Sandstrand im Westen, flachen, grasigen Hügeln in der Mitte und Mangrovenwälder und Kanäle im Osten.

Es gibt inzwischen einige Hotels dort und die entsprechende Infrastruktur mit Taxis und Restaurants. Am belebtesten ist immer noch der Ort grad am Pier.

Auf der Insel gibt es ganz im Norden ein größeres Gras-Feld, das im zweiten Weltkrieg von den **Japanern als Flugplatz** benutzt wurde. Heute wird diskutiert, ob man hier wieder einen Flugplatz bauen will. Außerdem hat es **Ruinen einer alten Seefahrer Siedlung**, die man besichtigen kann: Mueng Thong. Man hat dort diverse Artefakte gefunden: Tontöpfe, Glas, Steinperlen und Buddhabilder. Offenbar war hier ein internationales Handelszentrum zwischen China und dem mittleren Osten.

Die Insel ist mehr ein Ort zum Sein als zum Besuchen, aber wer das möchte, kann das indem er vom **Pier beim Dorf Bang Muang** aus gegen wenig Geld die Fähre auf die Insel nimmt. Wer mit dem Motorrad oder Fahrrad unterwegs ist, kann das auch überführen.

DG 8.86554 98.27409
GMS   N 8° 51' 55.944" O 98° 16' 26.724"

Tauch- und Schnorchel-Ausflüge

Khao Lak war schon bevor es touristisch bekannt wurde ein Geheimtipp für Taucher und Schnorchler. Inzwischen bekannte schöne Tauchorte liegen direkt in der Nähe im Meer vor der Küste: die **neun Similan Inseln**, Koh Bon (20 km nördlich der Similan), **Koh Tachai** (45 km nördlich), Richelieu Rock (85 km nördlich). Die **Surin Inseln** und Wracks wie die Boonsung, Premchai und Sea Chart.

Ausflüge und Tauchkurse kann man an zahlreichen Orten in Khao Lak buchen. Da reicht die Spanne von Halbtageausflügen bis zu mehrtägigen Touren, wo man auf dem Tauchboot übernachtet.

Tauchen ist ein toller Sport. Die Unterwasserwelt so nahe (und lange) erleben zu können ist wunderbar – und hier, wo man es geradewegs an so tollen Tauchplätzen anwenden kann lohnt es sich umso mehr das zu lernen. Bei der Auswahl achte man darauf, dass der Kursgeber PADI oder SSI qualifiziert ist. Die Ausbildung hat es in sich und man muss einige Tage darin investieren.

Wer unsicher ist, kann einen (eintägigen) Einführungskurs machen – wobei man hier oft schon einen richtigen Tauchgang auf den Similans bis 12 m inklusive hat.

Die **Preise** sind nicht ganz ohne, allerdings muss man bedenken, dass dies inklusive Material ist (Schnorchel, Flossen, Maske, Anzug, Flasche, Weste), und Lernmaterial und geführte Ausflüge unter Aufsicht an die Tauchorte beinhaltet. Ein Einführungskurs von einem Tag kostet ca. 6000 Baht.
Der Open Water Kurs inklusive lokale Halbtagestour und eine Tagestour kostet ca. 15'000 Baht.

Kinder können mit 8 Jahren den Bubblemaker ,einen Einführungskurs im Pool machen (bis zwei Meter Tiefe). Dabei werden sie von den Eltern und einem erfahrenen Tauchlehrer begleitet und instruiert. Preis ca 1500 Baht. Mindestalter für Junior-Tauchkurse sind 10-12 Jahre.

Similan

Nur etwa 70 km vor der Küste liegt der **Similan Island Marine National Park**. Dazu gehören 140 km^2 und neun Inseln, nur zwei davon sind für Touristen zugänglich: Insel Nr. 4 und 8. Auf diesen Inseln gibt es Toiletten und ein Restaurant und sie sind Ziel vieler Tagesausflüge. Diese kann man an diversen Orten buchen: im Hotel, im Internet, vor Ort in einem der lokalen Tourenbüros in Khao Lak, in Tauchzentren und (manchmal) auch im Restaurant in Khao Lak selber oder im Internet.

DG 8.65786 97.64667
GMS   N 8° 39' 28.296" O 97° 38' 48.012"

Der Ablauf einer Tagestour zum Schnorcheln / Sightseeing ist so:

Man wird im Hotel an der Lobby abgeholt (Zeit: früh am Morgen, abhängig davon wie viele andere Hotels noch angefahren werden. Ziwschen 7 Uhr bis 9 Uhr)

Man wird zum **Pier** gebracht – meist der **Thap Lamu** (im Süden), gelegentlich auch **Bang Muang** (im Norden). Abhängig von Tourenorganisator und auch Ebbe/Flut.

Am Hafen wird man ausgerüstet mit Schnorchel, Flossen und Maske (alles passend auf die Größe und auch in Kindergrössen).

Vor der Bootsfahrt gibt es ein paar Minuten Informationen über die besuchten Inseln und Tauch-/Schnorchelstellen und man hat die Möglichkeit Tabletten gegen Seekrankheit zu nehmen, die sie dort gratis anbieten (Wirkstoff: Dimenhydrinat 50mg). Wer schon weiss, dass er empfindlich ist, dem empfehle ich das, ansonsten ist es gut, eine mitzunehmen „für den Fall" – denn die darauf folgende Fahrt mit dem **Speedboat** kann rasch sehr holperig werden, wenn der Wind auffrischt.

Auf dem Boot müssen Schwimmwesten getragen werden – es gibt bessere Plätze zum sitzen und schlechtere ... wobei ich die vorne im Boot, an der prallen Sonne (dafür mit Aussicht) nicht bevorzuge. Reden kann man wegen dem Motorenlärm nicht viel, aber es gibt gratis Getränke und gelegentlich sieht man schon fliegende Fische. Die Überfahrt dauert etwas über eine Stunde.

Ankunft bei der Insel – mit wunderschönen runden Gesteinsformationen und türkisblauem Wasser mit vielen bunten Fischen und Korallen.

Oft wird dann erst Mal an einer Stelle **geschnorchelt**. Wenn man Glück hat sieht man auch Schildkröten (die teils mit Bananen angefüttert werden, dass sie auch dorthin kommen) und ganz sicher sieht man Korallen und viele bunte Fische. Eine Einweg-Unterwasserkamera oder wasserdichte Kamerahülle lohnt sich hier.

Das Wasser ist warm (meist an die 30 Grad) und die Sicht meist gut (außer es hat viel Wind).

Nach dem Schnorcheln (so ein Stopp geht etwa 30 bis 45 Minuten und auf einem Trip hat man zwei bis drei davon) geht es zur „Hauptinsel" mit weißem Strand – an dem legen nur alle Ausflugsboote an, also ist nicht viel mit „paradiesischer Ruhe" ... und man muss aufpassen. Die Insel hat einen Aussichtspunkt: **Sail Rock**, (siehe Bild) der relativ leicht erreichbar ist – eine kurze Kletterpartie, die man auch Barfuß hinter sich bringen kann – was aber teils eine im wahrsten Sinne „heiße Sache" ist auf den sonnengebrannten Felsen. Besser man hat Trekking Sandalen dabei (möglichst Wasserfeste).

Mittagessen ist auf der Insel zusammen mit den anderen Touristen. Es gibt (ganz anständiges) Buffet und danach die Möglichkeit noch etwas auszuruhen, bevor man sein Schnellboot finden muss und es (nach einem weiteren Schnorchelstop) zurück geht. Zwischendurch gibt es immer wieder Früchte und Getränke, so dass für alles gesorgt ist.

Zurück am Pier gibt man die ausgeliehene Schnorchelausrüstung zurück (und zahlt für verlorenes Material), verteilt sich auf die Autos und wird zurück zum Hotel gebracht.

Eigene Ausrüstung dafür: Sonnenschutz (unbedingt und zwar hohen und wasserfesten), Badetücher, Badehosen oder – Anzug (schon angezogen), T-Shirt und Hose nach Belieben, (wasserfeste) Trekkingsandalen, Fotoapparat (eventuell mit wasserfester Hülle).

Der Nationalpark (und damit die Inseln) ist vom 1. Mai bis 31. Oktober geschlossen.

Koh Tachai

Die Insel liegt nördlich der Similan Islands und gehört erst seit 2012 zum zugehörigen Nationalpark. (DG 9.06903, 97.81096). Im Gegensatz zu den Similan Islands finden sich hier weit weniger Touristen ... obwohl die Insel und das Wasser darum mindestens so schön sind.

Der Strand ist **blendend weißer Sand**.

Tages-Ausflüge lassen sich auch hierhin buchen und laufen etwa gleich ab wie die auf die Similan Inseln. Die Transfer-Zeit hängt davon ab, welcher Hafen benutzt wird: Zwischen einer Stunde vom nördlichen Hafen bis 90 Minuten vom südlichen.

Bei dem Ausflug kann man **vom Strand aus schnorcheln**, wobei man weiter hinaus schwimmen muss, um etwas zu sehen, da das Wasser hier nicht sehr tief ist und die Boote den Sand aufwühlen, was die Sicht etwas beeinträchtigt.

Dafür hat man – speziell, wenn man ein paar Schritte den Strand hochgeht und von den anderen Besuchern wegkommt – hier noch richtig das „einsame tropische Insel Gefühl".

Mittagessen ist auf der Insel – ebenfalls ein reichhaltiges thailändisches Buffet.

Nach der Insel nochmals ein Schnorchelpunkt und zurück am Pier etwa um 17 Uhr. Transfer zum Hotel.

Surin Inseln

Noch weiter nördlich liegen die Surin Inseln, die zusammen mit den Similan Inseln zu den besten Tauchgebieten in Thailand mit einer unglaublichen Unterwasserwelt gehören und ebenfalls von Khao Lak aus leicht erreichbar sind. Man kann nicht auf den Inseln übernachten, aber Tagesausflüge oder live-aboards (wenn man auf dem Tauchboot übernachtet) lohnen trotz dem fehlenden Komfort.

DG 9.43438 97.86811
GMS   N 9° 26' 3.768"   O 97° 52' 5.196"

Tagesausflug: Abholung vom Hotel ca. 7 Uhr. Fahrt zum Pier. Speed Boat Fahrt zu den Surin Inseln. Schnorcheln in der Maeyai Bucht bei Chong Kard und Mittagessen auf der Insel Chong Kard beim Surin Informations-Zentrum. Besuch des Moken-Dorfes. Auf der isolierten Insel leben Seezigeuner. Schnorcheln vor Ao Tao und bei Pak Kard. Entspannen am Strand, danach Rückfahrt zum Pier und Transfer zum Hotel. Zurück ca. 18 Uhr.

Bei all diesen Ausflügen auf die westlich der Küste liegenden Inseln und Tauch-/Schnorchelgebiete lohnt es sich vorher einen Blick auf das Wetter zu werfen. Bei Wind (und Sturm) ist nicht nur die Überfahrt ruppiger, sondern auch die Sicht im Wasser schlechter. Außerdem muss damit gerechnet werden, dass es dann zu Änderungen im Plan kommt.

Takuapa Mangroven – „kleines Amazonas"

Ein Halbtagesausflug, den man buchen kann – manchmal auch kombiniert zu längeren Touren. Abholung vom Hotel morgens um ca. 9 Uhr. Etwa 30 Minuten Fahrt nach Takuapa. Vom Pier aus geführte **Ausflüge mit dem Kajak in die Kanäle in den Mangroven** durch Banyan Bäume und Sumpfgebiete. Auf der Tour kann man diverse Vögel beobachten und sieht Reptilien wie Schlangen (auf den Bäumen), manchmal Warane und Frösche. Besuch von **Takua Pa** Altstadt und einem Wasserfall. Mittagessen in einem Thailändischen Restaurant und zurück ins Hotel gegen zwei Uhr.

Bambusfloss-fahren (Bamboo Rafting)

Auch etwas, das man zusammen mit dem Partner als romantischen Ausflug oder auch als Familie mit kleineren Kindern unternehmen kann. Das Flüsschen auf dem sie fahren ist nicht sehr schnell und hat kaum Stromschwellen, dafür gleitet man auf den rustikalen Bambusflössen geleitet vom Führer und halb im Wasser sitzend bequem durch den grünen Wald und sieht Pflanzen, Vögel und Schmetterlinge.

Halbtagesausflug: Abholung vom Hotel morgens ca. 9 Uhr. Fahrt zum Kiangkoo Flüsschen. (Das muss irgendwo südlich liegen, aber auf Karten ist es nicht zu finden – vielleicht meinen sie den Klang?). Mit Führer Bamboo Rafting auf dem sanften Flüsschen mit wunderbarer Aussicht durch den grünen Regenwald. Danach **Besuch des Se Turtle Conservatoriums** bei Thai Muang. Schwimmen am Wasserfall zum Auffrischen und retour zum Hotel bis ca. 12 Uhr.

Attraktionen mit Elefanten

Asiatische Elefanten sind vom Aussterben bedroht. Von den um 1900 in Siam etwa 200'000 wild lebenden Elefanten finden sich heute noch (optimistisch geschätzt) etwa 2000. Die Tiere, die seit Jahrhunderten als Nutztiere zum Bewegen von Lasten eingesetzt wurden und an deren Anzahl im Krieg die Macht des Herrschers gemessen wurde – sind heute durch Maschinen ersetzt und das Waldschutzgesetz von 1989 in Thailand hat tausende Arbeitselefanten und ihre Mahouts arbeitslos gemacht. Auch deshalb versuchten die meist mittellosen Besitzer mit Hilfe ihrer Tiere Geld bei den Touristen zu bekommen. So ein Elefant verzehrt rund 200 Kilo Nahrung am Tag und er muss bewegt, versorgt und unterhalten werden. Viele der Mahouts machen das auch und kümmern sich gut um ihre Tiere. Natürlich gibt es auch Ausnahmen.

Dennoch sind Attraktionen die Elefanten beinhalten kontrovers diskutiert. Man sollte bedenken, dass das trotz allem Wildtiere sind, auch wenn die meisten heute in Gefangenschaft aufgewachsen sind; die Haltung erfolgt trotz aller Bemühungen nicht „artgerecht": sie haben keinen Auslauf nachts, sie werden mit diversen Methoden trainiert. Gelegentlich finden sich bei so Touristenattraktionen deshalb auch Tiere, die dafür nicht geeignet sind – Männliche Elefanten kommen periodisch in die Must und reagieren dann aggressiv. Unfälle beim Elefantenreiten sind deshalb nicht selten.

Wer (trotzdem) **Elefanten reiten** gehen möchte, der kann auf folgendes achten um zu einzuordnen, wie die Elefanten behandelt werden. Bei schlechter Behandlung würde ich auf einen Ritt / die Attraktion verzichten.

- Hat der Elefant an den Gelenken, am Kopf oder am Hinterteil Narben oder Wunden? Diese können von den Werkzeugen der Mahouts stammen, womit sie ihre Elefanten kontrollieren. Es ist allerdings auch möglich, dass sie die vom Kratzen an Bäumen haben.

- Befinden sich an den Stellen Pulver? (weiß oder violett) – das wird oft zur Wundversorgung eingesetzt.

- Schüttelt der Elefant ständig mit dem Kopf oder weist er andere Verhaltensauffälligkeiten auf? – Das gibt es nicht nur im Zoo bei den Eisbären, sondern auch bei Elefanten.

- In welchem Zustand ist die Farm? Haben die Elefanten genug Platz?

- Wann und wo finden die Elefantenritte statt: Um die Mittagszeit ist es auch für die Elefanten ein Qual, wenn sie ohne Schatten in der prallen Sonne laufen müssen.

Wir sind schon diverse Male Elefantenreiten gegangen, was immer wieder ein Erlebnis ist. Dabei haben wir verschiedene Anbieter gesehen, nur bei einem haben wir uns bisher nicht wohl gefühlt: der war beim Khao Sok Park, einer der größten Anbieter. Dort hatten wir einen ziemlich großen, (männlichen?) Elefanten und einen Mahout mit langem Stab mit scharfem Haken, der sichtbar nervös wurde, wenn Junior beim anschließenden füttern zu nahe an den Elefant kam. Ein paar Wochen darauf verunfallte in demselben Park ein Touristenpärchen, weil zwei Elefanten aufeinander losgingen.

Ich rate deshalb nicht grundsätzlich vom Elefantenreiten ab, aber man soll gegenüber der großen Tiere respektvoll und aufmerksam sein und auf sein Bauchgefühl hören. Wer nicht zu dritt auf einen Elefant will (auch unser Junior wird langsam schwerer) ... kann auch nebenher laufen. Mehr als 150 kg sollte auch ein Elefant nicht auf dem Rücken tragen müssen. In der Mittagszeit und an der prallen Sonne würde ich erst gar nicht auf einen Elefanten steigen.

Außer Reiten werden heute noch **andere Aktivitäten mit Elefanten** zusammen angeboten:

Zusammen **mit den Elefanten baden** gehen: Da hat es unterschiedliche Anbieter in Khao Lak – ich empfehle vorher gut

zu schauen, wie das ist, ansonsten landet man statt in einem sauberen fließenden Gewässer mit dem Elefant in einem ziemlich trüben Tümpel.

Auch möglich: **Elefanten füttern und waschen**. Das haben wir vor ein paar Jahren entdeckt und bevorzugen das seitdem statt des Reitens – im Khao Sok Park, buchbar bei Elephant Hills.

Khao Sok National Park

Der sehr grüne Nationalpark mit dem See in phantastisch anmutender Landschaft ist ein beliebtes Touristenziel und liegt dafür sehr schön nur wenig nördlich von Khao Lak (Fahrzeit ca. eine Stunde) und Phuket (Fahrzeit ca. zwei Stunden) und wird auch von Krabi und Ko Samui aus besucht. Das Hauptaugenmerk ist Ökotourismus wobei viele Aktivitäten angeboten werden: vom **Elefantenreiten (und waschen)**, **Dschungel-trekking zu Fuß, Kanufahren, Bambusflossfahren, Tubing, Bootsafaris ...**

Der 739 km^2 große Nationalpark ist bedeckt vom ältesten immergrünen Regenwald der Welt, enthält hohe Kalksteinberge, die steil in den Himmel ragen (zwischen 400 bis 960 m) , tiefe Täler, atemberaubende Seen, dunkle Tropfsteinhöhlen, wilde Tiere und exotische Pflanzen wie die Rafflesia kerri – eine Fleischfressende sehr große Blume.

An wilden Tieren zu sehen: Hornschnabel, Elefanten, Asiatischer Ochse, Affen, Gibbons, Schlangen, Frösche und vieles mehr.

Das Klima ist hier oft feuchter und regnerischer als im Süden und sogar als in Khao Lak.

Der Parkeintritt kostet 300 Baht (pro Tag) für Nicht-Thailänder. Im Park gibt es einige befestigte Wege, auf denen man gut wandern kann, für die meisten benötigt man aber einen Führer.

Besucherzentrum:
DG 8.91542 98.52809
GMS   N 8° 54' 55.512" O 98° 31' 41.124"

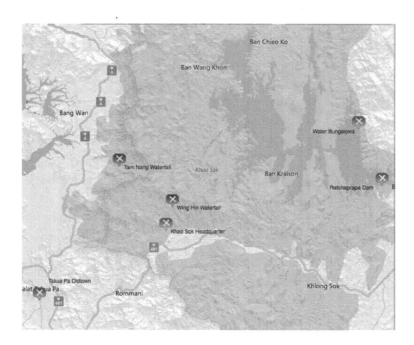

Wandern und Ziele im Nationalpark:

Vom Besucherzentrum aus starten neun Wanderwege, einer davon – der zum **Wing Hin Wasserfall** ist 2,8 km (das Doppelte, weil man ja noch zurück muss) und kann ohne Führer gegangen werden.

Der Weg durch den grünen Park dorthin ist hübsch, etwas fordernd und der Wasserfall ... nicht gerade riesig, aber man kann schön seine Füße neben den großen Steinkugeln im Wasser baden und sich vor der Rückkehr etwas abkühlen.

Weitere Ausflugsziele im Park (nur mit Führer):

Tang Nam: zwei hohe nahe aneinander stehende Klippen am Ende des Sok Kanals. 6 km vom Hauptquartier entfernt, der Weg zum Bang Wing Hin Wasserfall führt hierhin weiter.

Sip Et Chan Waterfall: treppenartig über elf Stufen fallender Wasserfall mit großem Pool unten in dem man schwimmen kann. 4 km vom Hauptquartier.

Ton Kloi Waterfall: vom Sok River selber, etwa 7 km vom Hauptquartier entfernt.

Tharn Sawan Waterfall: Wasserfall eines Nebenflusses des Soks. Der Weg hierhin ist ziemlich anstrengend und führt den letzten Kilometer durch das Flussbett, wo man waten muss.

Diamond Cave (Pra Kay Petch Cave): Tropfsteinhöhle. Mit riesigen Spinnen, Fledermäusen und dunkel ... unbedingt eine Taschenlampe mitnehmen.

Si Ru Cave: Tropfsteinhöhle mit vier Eingängen, etwa 4 km vom Hauptquartier entfernt. Sie diente früher kommunistischen Rebellen als Unterschlupf.

Nam Ta-lu Cave: Tropfsteinhöhle in der Nähe des Staudammes. Kann nur via Boot und Stausee erreicht werden und einem etwa zwei Kilometer langem Wanderweg. 30 m breiter Eingang und ein Flüsschen, das durch die Höhle führt. Ziemlich abenteuerlich.

Khang Cow Cave: Tropfstein-Höhle mit tausenden Fledermäusen.

Rafflesia Kerrii Meijer: Riesenblüte, etwa einen Meter groß im Durchmesser. Es ist eine parasitische Pflanze, die sehr selten ist. Es braucht neun Monate, bis sie blüht und die Blume hält nur etwa sieben Tage – man muss also ziemlich Glück haben, damit man sie sieht.

Mai Yai Waterfall: Der einzige Wasserfall des Nationalparks, der mit dem Auto erreicht werden kann. Er liegt neben der Suratthani-Takuapa Strasse (beim Kilometer 113), 5,5 km vom Hauptquartier entfernt. Nur Einstufig, dafür etwa 30 m hoch. Am besten besucht man ihn aber in der Regenzeit, da sonst wenig Wasser fließt.

Bang Hua Rat Waterfall und Lum Khlong Sok. Stromschnellen die wie Treppenstufen den Fluss unterbrechen und ein beliebter Platz für River Rafting.

Wer wandert sollte Schuhe anziehen, die fest und möglichst geschlossen sind. Sandalen laden Blutegel – die im Park auf dem Boden und in den Bäumen vorkommen – praktisch ein. Insektenrepellentien gegen Mücken und Fliegen sind auch empfohlen, die wirken zumindest etwas auch auf Egel abschreckend.

Sehr schön sind auch Ausflüge abends oder nachts, die (mit Führung) angeboten werden. Dabei sieht man Tiere, die nachtaktiv sind und man tagsüber nicht zu Gesicht bekommt. Wegen der Schlangen sollte man das aber nicht alleine unternehmen ...

Unterkünfte gibt es reichlich und in unterschiedlicher Qualität. Sie können (wie Touren auch) im Besucherzentrum gebucht werden, oder direkt beim Vermieter.

Bild: Kajak fahren und Landschaft beim Sok River

Kajak fahren (oder Bambus-Rafting) auf dem Sok River

Der Fluss Sok ist der Hauptfluss des Khao Sok Nationalparks. Die Verbindungstraße 401 zwischen Taku Pa und Surat Thani führt durch sein Tal und überquert ihn diverse Male. Der Fluss ist umgeben von schöner Landschaft mit hohen Kalksteinfelsen und viel Grün. Am und im Fluss und seinen Seitenarmen werden verschiedenste Aktivitäten durchgeführt, unter anderem Kajak fahren oder Bambusfloss-Rafting.

Der Fluss ist in der Trockenzeit / Hochsaison alles andere als reißend und es kann vorkommen, dass es gegen Ende der Trockenzeit sehr wenig Wasser hat.

Am Fluss entlang kann man bei der gemütlichen Fahrt mit dem Führer die Landschaft genießen, Vögel und Affen sehen, verschiedenste Amphibien und Reptilien (aber keine Krokodile, auch wenn die Führer da manchmal scherzen).

Manche Ausflüge machen Halt um einen Tee oder Kaffee neben dem Fluss auf Feuer zuzubereiten oder für einen Schwimmstopp. Gelegentlich hat es Seile, an denen man sich in die tieferen Stellen des Flusses Tarzan-artig fallen lassen kann. Spaß für die ganze Familie!

Der Cheow Lan Lake

Der 165 km^2 große und etwa 200 m tiefe Stausee im Nationalpark hat eine bewegte Geschichte. Er wurde 1982 gebaut um Elektrizität für die aufstrebende Region zu liefern.

Er bietet Kalksteinfelsen, die bis zu 900 m hoch steil aus dem Wasser ragen – ein Anblick ähnlich wie in der Phang Nga Bucht, nur ist das hier Süßwasser und fast noch etwas beeindruckender, wenn das möglich ist.

Der Rajiaprabha Damm – was Licht des Königreiches bedeutet – bekam seinen Namen in einer Eröffnungszeremonie von Thailands König an dessen 60. Geburtstag. Außer der Elektrizitätsgewinnung dient er auch der Flutkontrolle, Bewässerung und Fischzucht. Es dauerte etwa ein Jahr das Becken gesamt zu füllen und fast 400 Familien aus einem Dorf mussten umgesiedelt werden. Es gab Projekte auch die Tiere mittels Boot und Helikopter umzusiedeln – dennoch starben viele, weil ihr Lebensraum so plötzlich eingeschränkt wurde. Trotzdem finden sich heute (wieder) viele wilde, teils auch gefährdete Tierarten im Nationalpark und am See.

DG 8.97247 98.8057
GMS   N 8° 58' 20.892" O 98° 48' 20.52"

Auf dem See gibt es **schwimmende Bungalows** in denen man übernachten kann – deren Betreiber müssen übrigens von den ursprünglichen Landbesitzern hier abstammen um eine Lizenz dafür zu bekommen. Die Bungalows sind von sehr unterschiedlicher Qualität – vom einfachen Holzhüttchen bis zum Fassartigen schwimmenden modernen Zimmer (mit Toilette an Land) und Luxus-Zelt auf Floss (mit Toilette innen) findet sich hier alles.

Beispiele für Touren-Ausflüge in den Khao Sok Park:

Tagesausflug Khao Sok

Abholung vom Hotel ca. 8 Uhr. Halt beim lokalen Markt (bei Takua Pa). Fahrt in den Khao Sok Nationalpark. Elefantenreiten an einem Flüsschen. Elefanten füttern und fotografieren. Khao Sok Aussichtspunkt. Thailändisches Mittagessen. Nachmittags Kajak fahren auf dem Sok River. Schwimmen im Sok River. Besuch eines lokalen Tempels mit Affen. Stopp an einem Wasserfall. Ca. 5 Uhr zurück zum Hotel.

2-Tagesausflug Khao Sok / Park

Abholung vom Hotel ca. 8 Uhr. Halt beim lokalen Markt (bei Takua Pa). Fahrt in den Khao Sok Nationalpark. Elefantenreiten an einem Flüsschen. Thailändisches Mittagessen. Nachmittags Kajak fahren auf dem Sok River. Schwimmen im Sok River. Einchecken im Bungalow beim Nationalpark.

2. Tag: Trekking im Khao Sok Nationalpark. Hier hat man die Möglichkeit, Gibbons, Languren, Vögel und verschiedenste Reptilien zu sehen. Baden unter dem Wasserfall. Zurück zum Resort und Mittagessen. Nachmittags ausruhen und Fahrt zurück.

Anzumerken ist hier, dass man (außer beim Seebesuch und manchen Trekkingtouren) dabei meist am Rand des Nationalparks ist und nicht drin. Das bedeutet die Führer müssen keine Gebühren zahlen. Die Landschaft ist trotzdem sehr sehenswert. Dass praktisch direkt neben dem Sok Fluss die (Haupt-)Straße durchgeht merkt man auch nicht.

2-Tagesausflug Khao Sok / Lake

Fahrt in den Khao Sok. Viewpoint-Stopp. Besuch des Hauptquartiers. Fahrt zum Cheow Lan Lake (Ratchaprapa Lake), Fahrt mit dem Longtailboot durch die fantastische Landschaft. Ankunft am Raft-house (schwimmende Unterkunft), thailändisches Mittagessen. Nachmittags relaxen am/im See. Ausflüge mit Kajak. Nachtessen im Raft House. Nachtsafari auf dem See.

Morgens: Kajak Ausflug, Morgenessen im Raft House. Trekking mit Führer durch den Regenwald zu einer Tropfsteinhöhle und kleinem See. Mittags relaxen am See und Rückfahrt nach Khao Lak.

4 Tage/3 Nächte Khao Sok/Cheow Lan Lake

Elefant Hills –

Elefant Hills bietet auch längere Ausflüge an, die sie mit ihren Aktivitäten mit den Elefanten zusammen verbinden. Immer inbegriffen ist also der Kontakt mit Elefanten – in dem Fall hier aber das füttern und waschen von ihnen. Ein echtes Erlebnis.

Eine Übernachtung findet hier im Luxuszelt im Regenwald statt, die anderen auf dem Cheow Lan Lake selber, wo man neben dem Trekking mit Führer über einen Hügel und Besuch einer Tropfsteinhöhle auch selber auf dem See Kajak fahren kann.

Massage

Die Thailändische Massage ist weltbekannt und heute eröffnet in Khao Lak wohl kaum ein Hotel, das nicht auch ein -Spa im Namen hat und Massagen und weitere Behandlungen anbietet.

Außer im Hotel kann man sich natürlich auch am Strand massieren lassen. Vorteile: Vor Ort, sehr günstig. Nachteile: die Qualität ist sehr abhängig von der massierenden Person. Wie gut ist ihr Wissen und Können? Es kann auch im Schatten sehr heiß werden am Strand. Man schwitzt nicht nur selber, sondern auch für die massierende Person wird es sehr anstrengend. Für den eigenen Schutz würde ich mir auch die Unterlage gut anschauen und eventuell das eigene Badetuch dazwischen legen. Bei der Massage am Strand wird durch den Badeanzug massiert, was teils auch ein Hindernis sein kann.

Eine weitere Möglichkeit sind Massagesalons, die sich auch in Khao Lak finden. Das ist eine Stufe besser als am Strand, je nach Qualität auch mehrere Stufen ... wodurch sie an einen wirklich guten Hotelspa herankommen.

In Phuket / Patong haben wir das Let's Relax häufiger besucht, das ich sehr empfehlen kann. Dort kam es auch nie vor, dass mir ein „happy ending" vorgeschlagen wurde ... was gelegentlich je nach Ort noch vorkommen kann.

Für Euch hier den **Beschrieb eines Spa-Besuchs** (falls ihr das mal selber versuchen möchtet).

Man beginnt am Empfang mit einem kalten Tuch (es ist heiß draußen) und einem erfrischenden Getränk mit Grüntee.

Dann geht es in den Spa-Bereich. Ein eigenes Zimmer mit Vorzimmer, wo man sich umziehen kann: Ausziehen bis auf die Unterhosen – und eventuell Wechsel in die angebotenen, hygienisch eingepackten Unisize Netzunterhosen) und anziehen des Bademantels und der Badeschuhe.

Vor dem Start der Massage gibt es ein Fußbad und ein Fuß-Peeling, wobei einem noch einmal erklärt wird, was jetzt kommt.

Danach liegt man auf die Massage-Liege. Erst auf dem Bauch, dann (wenn sie es einem signalisiert) auf den Rücken, zum Schluss kurz sitzend.

Thailändische Massagen sind meist durch Stoff (spezielle Kimonos oder Badetuch) und ohne Öl – es gibt aber natürlich auch Misch-Massagen oder man wählt eine Aromatherapie- oder schwedische Massage. Die nicht massierten Körperteile werden immer abgedeckt, auch damit man nicht kalt bekommt. Die Räume sind klimatisiert.

Während der Massage hat man meist Blick auf ein hübsches Blumenarrangement auf dem Boden und lauscht sanften Klängen. Ich schaffe es regelmäßig dabei einzudösen, meiner Frau ist die Massage dafür aber meist zu … energ(et)isch.

Nach Abschluss und wieder anziehen, lässt man die Wellness-Stunde mit einem süß-scharfen Ingwer Tee, ausklingen.

Besuch beim Schneider

In Khao Lak hat es Schneider. Viele. (Letzte Zahlen sprechen von 30). Und manche davon beginnen mit Taktiken, wie sie unten in Patong schon seit einigen Jahren gebräuchlich sind: sie stehen auf der Straße und reden jeden an, in der Hoffnung, dass man herein kommt. Ich mag das nicht besonders, auf der anderen Seite ... so ein Besuch beim Schneider ist tatsächlich etwas, was man in Thailand einmal machen kann / sollte. Deshalb folgt hier **eine kleine Anleitung**.

Auch wenn sie einen gerne Im Laden sehen und selber überzeugen, es ist von Vorteil, vorher schon einen Plan zu haben, was man denn machen lassen will oder was man dafür ausgeben will. Da gibt es verschiedene Möglichkeiten: Lieblingskleider, die nicht mehr ganz passen, kann man mitnehmen und ändern lassen. Man kann sein Lieblingskleid oder -Anzug, -Hose oder -Hemd mit einem anderen Stoff (oder Länge etc.) nachbauen lassen. Dafür nimmt man es am besten mit zum zeigen. Man kann etwas ganz neu auf sich schneidern lassen. Als Vorlage kann man aus Mode-Heften selber etwas mitnehmen ... ansonsten haben sie viel Anschauungsmaterial dort.

Anhand der Stoffproben im Laden kann man wählen, wie das wird. Wenn sie das gewünschte nicht vorrätig haben, holen sie oft auch aus anderen Läden Proben. – Hierbei sieht man übrigens sehr gut, dass diese „vielen" Schneiderläden häufig denselben Besitzer haben ... und nähen lassen diese paar Besitzer vermutlich an den selben ein oder zwei Orten.

Es hat sich gezeigt, dass es gut ist, auf die Empfehlungen beim Stoff zu hören. Nicht jeder Stoff ist für jede Art Kleidungsstück geeignet. Ich war bisher immer zufrieden – auch was die Haltbarkeit betrifft – da gibt es Seidenstoffe, die sich problemlos waschen lassen und die ich (als Hemden) seit Jahren verwende.

Nach der Auswahl von Modell und Stoff folgt das Abmessen.

Der Preis ist ein nicht ganz einfaches Thema. Ich kann nur empfehlen zu handeln ... und zwar nicht zu knapp. Der erste Preis, der mir genannt wurde lag auf gleicher Höhe wie ein in der Schweiz gekauftes Kleidungsstück ... und das ist (zu) hoch für Thailand, selbst wenn es genäht wird. Mit herunterhandeln und eventuell Mengenrabatt (wenn man gleich 3 Hemden herstellen lässt) bekommt man aber einen fairen Preis.

Man vereinbart alles schriftlich und macht einen Termin in ein paar Tagen ab (mindestens zwei), an dem man wieder zum Schneider kommt zur Anprobe.

Die Kleider sind bei der Anprobe noch ziemlich provisorisch zusammengestellt, werden angezogen und der Schneider hält mit seiner Kreide die noch zu machenden Änderungen fest. Man macht den nächsten Termin ab (noch einmal zwei Tage oder so) und kann dann das hoffentlich fertige Produkt anprobieren.

Passt irgendwo etwas noch nicht richtig oder muss geändert werden , muss man halt noch einmal kommen. In der Regel passt es, man bezahlt (mit Kreditkarte meistens) und geht mit den maßgeschneiderten Kleidern nach Hause.

Bitte beachten: es gelten die Zollvorschriften der verschiedenen Länder für die Einfuhr von Waren: eventuell muss da noch Mehrwertsteuer bezahlt werden.

(Aber wenigstens nehmen sie einem diese Sachen nicht weg, wie sie es mit gefälschten Markenkleidern machen).

Phuket

Phuket Ausflüge: Viele Tourenanbieter bieten Tages-Ausflüge nach Phuket an, oft auch so, dass man sie selber zusammenstellen kann. Hier ein paar Empfehlungen.

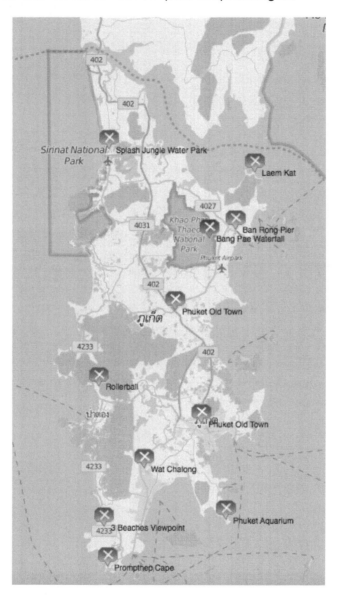

Sarasin Bridge

Phuket ist eine Insel. Technisch gesehen, auch wenn sie recht groß ist und man (wenn man dort ist) oft nicht das Gefühl hat auf einer Insel zu sein. Sie ist vom Festland getrennt durch Wasser. Allerdings sind das gerade mal etwa 500 m Wasser und eine Brücke verbindet die beiden Landteile. Inzwischen ist es eigentlich die dritte Brücke am selben Ort. Die erste stammt von 1967 und war **Sarasin** benannt nach einem heute vergessenen Politiker. Vorher schon gab es an der Stelle eine Fähre. Für den Verkehr in den 70er Jahren reichte die erste kleine Brücke aus, dann wurde der Verkehr (und der Tourismus) zu groß und es wurde in den 80er Jahren eine zweite Brücke gebaut. Und dann 2011 die neuste Variante. Diese heißt **Thepkasattri Bridge**, aber eigentlich reden alle noch von der Sarasin Brücke. Die alte Brücke (die zweite) haben sie daneben stehen lassen und mit einer hübschen Aufbaute versehen – heute gilt sie als kleinere Touristenattraktion, die zu Fuß begangen werden kann.

Besonders schön zu Sonnenuntergang von der kleinen Plattform in der Mitte aus. Neben den Touristen sieht man hier abends auch immer Angler und auf der Phuket Seite stehen kleine Stände mit Getränken und Essen.

Auf der Phang Nga Seite finden sich eine Reihe beliebter Shops, wo man außer T-Shirts, Spielzeug auch getrockneten Fisch kaufen kann. – hier ist auch die beste Parkmöglichkeit für einen Besuch der Brücke.

DG 8.20165 98.29795
GMS   N 8° 12' 5.94"   O 98° 17' 52.62"

Phuket Wasserpark – Splash Jungle

Wer mit dem Hotel-Swimmingpool, dem Meer, den Wasserfällen und vielleicht dem Cheow Lan Lake noch nicht genug Wasser hatte, für den ist das hier etwas.

Der bunte Wasserpark hat eine Vielzahl von aufregenden Wasserrutschen, wie dem Boomerango, Super Bowl, außerdem ein Wellenbad, ein Lazy River, in dem man sich treiben lassen kann, ein Wasserspielplatz für die Kinder und Restaurant/ Bars

Offen 10-18 Uhr
Ort: In der Nähe des Flugplatzes Phuket. Beim Centara Grand.
DG 8.11748 98.3062
GMS   N 8° 7' 2.928"   O 98° 18' 22.32"
Eintrittspreise: ca. 1300 Baht pro Erwachsenem und 650 Baht für Kinder (bis 12 Jahre) gratis für Kinder unter 5 Jahren.

Nordost-Phuket

Mit Aussicht auf die Phang Nga Bay, untouristischer Gegend, schwimmendem Restaurant und mehr.

Phuket ist heute sehr touristisch überlaufen und das letzte Mal als wir Autofahren waren, hatte ich das Gefühl es hat mehr Autos auf der Straße als die Insel Einwohner hat. Umso mehr erstaunt es, dass es nur wenig abseits der Touristenströme und Routen immer noch praktisch unberührte Fleckchen zu entdecken gibt. Wer ein bisschen vom früheren Phuket sehen will, der sollte diesen Ausflug machen.

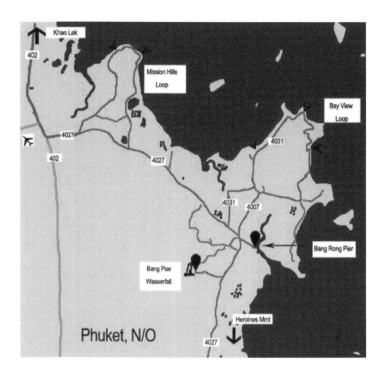

Im Nordosten von Phuket hat es zwei „Loops", Straßen, die einen großen Bogen machen um zum Hauptweg zurückzukommen ... wobei hier der Hauptweg schon eher selber eine Nebenstraße ist.

Um auf diesen **Bay View Loop** zu kommen und zum Laem Khat, gibt es zwei Varianten: Anfahrt von unten (Süden): Vom Kreisel beim Heroines Monument nimmt man die 4027 und biegt 12 km später in Richtung Ao Po Pier nach rechts ab, nach weiteren 3 Kilometern nimmt man die Abzweigung (wieder rechts) zum Radi Medical Center. Folge der Straße und man kommt auf einen hübschen Loop, der einen nach einsamen Stränden, spektakulären Aussichten auf die Felsen und Inseln in der Phang Nga Bucht und einigen steilen Kurven und Achterbahnartigen Höhenunterschieden zurück zur Ao Po Straße bringt.

DG 8.09804 98.43248
GMS   N 8° 5' 52.944"   O 98° 25' 56.927"

Noch schönere Ausblicke, aber eine weniger spektakuläre Straße findet man beim **Mission Hills Loop** gerade daneben.

DG 8.11624 98.37381
GMS   N 8° 6' 58.464"   O 98° 22' 25.716"

Anfahrt dafür (diesmal von Norden): Von der Thepkasatri Road (das ist der Highway 402, die Hauptverbindungsachse in der Mitte von Phuket und die Straße, die über die Brücke zum Festland führt) nimmt man die kleine Seitenstraße nur wenig südlich vom Abzweiger, der zum Flugplatz führt auf die Straße 4027. Vorsicht: die Einfahrt zur Straße ist eng, sie ist nicht gut angeschrieben und man verfehlt sie leicht. Das ist ungeschickt, weil hier die Straße (wie auf Phuket oft üblich) zweigeteilt ist und man ihr bis zum nächsten U-Turn (3 km später) folgen muss. Dort wenden und zurückfahren, dann kann man an der Kreuzung mit der Ampel nicht nach rechts, fährt also in die Straße zum Flugplatz (nach links statt nach rechts, wo man hinwill) um dort dann einen weiteren U-Turn zu machen, zur Abzweigung mit der Ampel zurückzukommen und dann endlich einen zweiten Anlauf zu nehmen, die Straße zu erwischen ...)

Wenn man es aber geschafft hat, kommt man auf eine gut asphaltierte Straße, die je weiter man kommt, desto weniger befahren ist. Man nimmt den Abzweiger von der Straße nach Baan Laem Srai (nach links) für die guten Aussichten in die Bucht. Am Ende des Loops kommt man beim Mission Hills Golfplatz heraus.

Wenn man der Straße weiter folgt kommt man auf den „Hintereingang" zum oben beschriebenen Bay View Loop: Man achte wieder auf das Schild zum Radi Medical Center, dem man folgt.

Hier in der Gegend gibt es große Ananasplantagen und auch Palmen und Kautschuk werden angebaut.

Bang Rong Pier

Die Gegend ist eine muslimische Gemeinde, man sieht hier
verschleierte Frauen und Männer in muslimischer Bekleidung, die
ihren täglichen Beschäftigungen nachgehen.

Die Straße zum Pier ist einfach zu finden: Von der Hauptstraße
biegt man bei der **Moschee** ab und folgt den Schildern zum **Bang
Rong Pier**.

DG 8.0498   98.41583
GMS   N 8° 2' 59.28"   O 98° 24' 56.987"

Es gibt eine Eintrittspforte – wenn man für längere Zeit hier
parkiert (zum Beispiel, wenn man die Fähre nach Koh Yao Noi
nimmt), dann muss man zahlen. Wenn man aber nur den Ort
besuchen kommt und etwas isst, parkiert man gratis. In den
Mangroven neben der Straße hat es häufig Affen – die können
etwas aufdringlich werden, also Vorsicht.

Am Pier herrscht oft geschäftiges Treiben, nicht nur die Fähre, sondern auch Fischerboote (große und kleine) und mancher Transport wird hier über den Wasserweg getätigt.

Biegt man vor dem Wasser nach links ab auf einen Holzweg durch die Mangroven und folgt dem, kommt man bald zu einem **schwimmenden Restaurant.** Das kleine lokale Restaurant sieht zwar wenige Touristen, hat aber eine Karte auch auf Englisch und das Essen ist klein aber fein (und sehr günstig). Alkohol gibt es hier keinen. Während dem Essen kann man dem Treiben auf dem Wasser zusehen und Vögel (und Fische) beobachten.

Von hier aus kann man Bootsausflüge mit dem Kajak in die Mangroven machen – einfach beim Restaurant fragen, die Kajak und eventuell Führer vermieten.

Phuket Gibbon Rehabilitation Project und Bang Pae Wasserfall

Gibbons sind die langarmigen Affen, die leider häufig missbraucht werden um von Touristen, die sich dann mit diesen fotografieren lassen, einfach Geld zu bekommen. Manche werden auch als Haustiere gehalten. Beides ist illegal und die Gibbons haben in Gefangenschaft ein elendiges Leben – wenn sie älter werden und aggressiver taugen sie auch nicht mehr für die Touristen, dann sind sie nur noch Ballast und werden häufig ausgesetzt, worauf sie verhungern.

Die Gibbons, die den Besitzern von der Polizei weggenommen werden, oder die abgegeben werden bekommen im **Gibbon Rehabilitation Project** eine zweite Chance. Sie gehen durch eine längere Zeit der Rehabilitation bevor versucht wird, sie wieder auszuwildern. Das funktioniert nicht mit allen.

An Wänden wird man über die verschiedenen Gibbons, die aktuell hier sind und ihre Geschichte informiert. Die Gibbons sind in großen Käfigen, manche still, andere lassen ihren typischen Ruf hören oder hangeln sich herum.

Wem in Phuket oder anderswo angeboten wird, ein Bild mit den Gibbons zu machen sollte ablehnen – und dafür ein Foto des Besitzers an dieses Projekt schicken: grp@gibbonproject.org. Man kann die Organisation auch mit Spenden vor Ort direkt unterstützen. Von den Parkgebühren, (200 Baht) bekommt die Organisation übrigens nichts.

DG 8.04242 98.39326
GMS   N 8° 2' 32.712"   O 98° 23' 35.735"

Etwas weiter hinten führt der Weg zum **Bang Pae Wasserfall**. Am Restaurant vorher kann man sich mit Getränken eindecken – aber bitte die Flaschen wieder zurücknehmen. Der schmale Fußweg führt über Stock und Stein aufwärts bis zum relativ kleinen Wasserfall in einer Mini-Schlucht.

Heroines Monument

Ein Denkmal, an dem man bei einem Besuch auf Phuket fast zwingend vorbeikommt. Es ist den beiden Schwestern Muk und Chan gewidmet, die die lokale Bevölkerung gegen einen Angriff gegen die Burmesen anführte und abwehrten. Das Monument befindet sich im Zentrum der Insel auf der Hauptachse zwischen Nord und Süd – inmitten von einem Kreisel. Man sieht es gut aus dem Auto, aber zu Fuß hat man echte Probleme über die Straße zu kommen – vor allem bei dem heutigen Verkehr.

DG 7.98097 98.36391
GMS   N 7° 58' 51.492" O 98° 21' 50.076"

Phuket Town

Die Stadt Phuket wurde zur Zeit des Zinnabbaus erbaut, als die Insel wegen des Metalls großen finanziellen Auftrieb hatte. In der **Altstadt von Phuket** sieht man geräumige Sino-Koloniale Gebäude, gebaut vor etwa 100 Jahren. Das Quartier ist übersichtlich und kann gut zu Fuß erkundet werden. Fünf Straßen enthalten die meisten Sehenswürdigkeiten: die **Thalang Road**, eine der ältesten Straßen, heute mit vielen Boutique Shops und Restaurants in seinen historischen Gebäuden, **Radada Road, Phang Nga Road, Dibuk Road und Krabi Road** und die kleinen Gässchen (Sois) darum.

Bekannt ist das **On On Hotel** – das älteste Hotel auf Phuket, (1929 eröffnet) das auch im Film „the Beach" mit Leonardo Di Caprio vorkommt. 2012 wurde es vollständig renoviert. Heute heißt es Memory und zeigt sich nicht mehr schäbig, sondern sauber ... und groß. 7.88317, 98.3925DG   7.88513 98.38646 / GMS   N 7° 53' 6.468"   O 98° 23' 11.255"

Auch in der Altstadt: **Chinesischer Tempel**, Jui Tui Shrine. Ort: am Soi Phuthorn, Ranong Road. Der Tempel wurde schon diverse Male renoviert und ist sehr sehenswert (und bunt).

Walking Street: ein am Wochenende stattfindender Markt von 16 bis 22 Uhr.

Für Kinder interessant: **Phuket Trickeye Museum** – erst 2014 eröffnet, rein der Optischen Täuschung gewidmet. Man kann in die (etwa 100) perspektivisch gemalten Bilder stehen und erstaunliche und amüsante Fotos von sich machen. Das Museum findet sich an der Kreuzung Montri und Phang Nga Road. Öffnungszeiten 9 - 21 Uhr.

DG 7.88317 98.3925
GMS   N 7° 52' 59.412" O 98° 23' 32.999"

Phuket Aquarium

Der Besuch dieses Aquariums macht einen netten Nachmittagsausflug mit der Familie, wobei man noch etwas über das Leben im Meer lernt. Tausende bunte exotische Fische und andere Meereslebewesen können hier in 30 Tanks beobachtet werden – auch enthalten: ein Unterwassertunnel zwischen Haien, Mantas und anderen großen Fischen. Ob sie das Grabbelbecken, wo man mache Meeresbewohner wie Seegurken, Seesterne und Seeigel auch anfassen konnte noch haben, weiß ich nicht – aber das fand Junior speziell spannend.

Offen von 8.30 bis 16 Uhr, 7 Tage die Woche.

Eintritt: Erwachsene 100 Baht, Kinder 50 Baht

DG 7.80347 98.40788
GMS   N 7° 48' 12.492" O 98° 24' 28.368"

Wat Chalong

Wat Chalong, auch Chaithararam Tempel genannt ist der wichtigste Tempel auf Phuket und einer der größten und prächtigsten in der Gegend.

Einem der hier verehrten Mönche werden magische Kräfte zugeschrieben und viele kommen hierher, um ihn um Hilfe zu bitten – und bei erfüllen des Wunsches werden Knallerketten abgebrannt ... was öfter mal vorkommt.

Das neuste Gebäude ist der große Chedi, der bis unter die Spitze besichtigt werden kann.

Öffnungszeiten täglich 7 - 17 Uhr.

Anfahrt: Vom Kreisverkehr in Chalong kommend nach etwa 4 km auf der rechten Seite. Vom Central Festival her nach etwa 6 km auf der linken Seite.

DG 7.84678 98.3369
GMS   N 7° 50' 48.408" O 98° 20' 12.839"

Zur Zeit um das chinesische Neujahr herum (2017 wird das am 28. Januar sein), findet hier immer der grosse Markt statt, wo man nicht nur riesig shoppen und Essen ausprobieren kann, sondern wo es auch Vergnügungsbahnen aufgestellt hat

Promthep Cape

Der südlichste Punkt von Phuket ist ein sehr beliebter Ausflugsort, besonders zum Sonnenuntergang. Da kann es (trotz großem Parkplatz) sehr voll werden. Es ist ein schöner Ort um den Sonnenuntergang zu sehen ... aber der ist auch anderswo toll. Der Punkt bietet Aussicht nach Naiharn, zu den Racha Inseln und weitere kleine in der Andaman See. Interessant fand ich immer die (wechselnde) Sammlung an Elefanten-Statuen in allen Grössen.

Laem Promthep kann sowohl von Nau Harn als auch von Rawai aus angefahren werden.

DG 7.76321 98.3052
GMS   N 7° 45' 47.556" O 98° 18' 18.719"
Öffnungszeiten: rund um die Uhr – vor 17 Uhr ist der Rummel nicht so groß.

Karon (Kata) Aussichtspunkt: auch 3-Beaches Viewpoint

Einer der bekanntesten Ausblicke auf Phuket. Man sieht die Strände Kata Noim Kata Yai und Karon (in dieser Reihenfolge). Vor dem Kata Beach ist die Insel Ko Pu zu sehen.

Anfahrt: Von Kata kommend Richtung Kata Noi, dann links den steilen Hügel hinauf. Van Chalong, Rawai, Nai Harn kommend gibt es in der Saiyuan eine Kreuzung wo es nach Nai Harn, Chalong und Kata geht. Man folgt der Straße Richtung Kata.

DG 7.79722 98.30226
GMS   N 7° 47' 49.992" O 98° 18' 8.136"
Öffnungszeiten: rund um die Uhr

Patong Zorbing

Zorbing oder Rollerball nennt man das, wenn man in eine große, gepolsterte, durchscheinende Plastikkugel steigt und sich darin den Hang hinunterrollen lässt. Erfunden wurde es in Neuseeland, aber es gibt inzwischen einige Orte wo man das sonst machen kann – so wie hier in Phuket.

In Kalim, direkt nördlich von Patong oben auf dem Hügel, hat man einen hübschen Ausblick über Patong, den man auch bei einem Getränk genießen kann, wenn man sich nicht getraut selber zu Zorben.

Ausgerüstet mit Schwimmweste steigt man in den Ball, bekommt frisches Wasser nachgeschüttet (was gut ist, wegen den hier teils herrschenden Temperaturen und weil man dann innen rutscht ... und nicht wie ein Hamster im zu schnellen Hamsterrad den Überschlag macht). Man kann wählen zwischen zwei Bahnen: die gerade ist steiler und sieht furchterregender aus, ist aber einfacher. Die kurvige herunterzurollen – das fühlt sich an, wie in einer Wasserbahn, in der man nicht sieht, wo es hingeht ... und entsprechend herumgeworfen wird. Unten wird man sicher vom Netz angehalten und mit Auto wieder zum Anfang transportiert.

Mitbringen: Schwimmanzug, etwas Mut.

Kostenpunkt: ab 950 Baht pro Person und „Fahrt" und ein Getränk. Bis zu 1950 Baht für 6 Fahrten, inklusive Getränk, Snack, T-Shirt und Foto. Offen: 10-18 Uhr

Adresse: Kalim Bay View, Patong (gut angeschrieben)
DG 7.91683 98.29714
GMS   N 7° 55' 0.588"   O 98° 17' 49.703"

Weitere Attraktionen auf Phuket

Butterfly Garden: hübsch, ich empfehle aber den Besuch des näher gelegenen oben in Khao Lak,

Phuket Zoo: von einem Besuch rate ich hier ab – er war schon diverse Male in der Presse wegen Tierquälerei ... und die Tiergehege sehen wirklich trist aus.

Eine neuere Attraktion ist **Tiger Kingdom**, wo Besucher mit lebenden Tigern in verschiedenem Alter (auf eigene Gefahr unter Aufsicht) Fotos machen können. Wie tierfreundlich das effektiv ist, weiß ich nicht, aber wenn ich an die Kontroversen mit dem Tiger-tempel oben in Ayutthaya denke ... rate ich hier auch eher ab.

Phuket Wake Park: Wasserpark mit Möglichkeiten zum surfen an der Leine und auf stehenden Wellen. Etwas für größere Kinder.

Patong Beach. Bekannt für sein Nachtleben mit Bars, Transvestitenshows und Kickboxen (heute nicht mehr so extrem wie früher, da sie vorgeschriebene Schließ-zeiten haben) und Shopping.

Big Buddha – genau das, nach dem es sich anhört: ein großer Buddha, auf einem Hügel mitten auf Phuket mit Aussicht.

Simons Cabaret: Show mit Transvestiten. Gibt es inzwischen in Khao Lak auch.

Shopping Malls und Outlet stores. Mehr asiatisch angehauchte Produkte und Wohnungseinrichtungen etc.

Gems Gallery: Schmuck und Juwelen guter Qualität und mit Garantie. Die Preise sind entsprechend.

Es gibt noch einiges **mehr zu sehen und zu unternehmen**: Archery Shooting (Bogenschiessen), Go-Kart, Affen- und Schlangen-shows, Kletterparks ... aber dafür gibt es gute Reiseführer, die sich auf Phuket konzentrieren.

Gelegentlich bekommt man auch in Khao Lak **Ausflüge auf Phi Phi Island** angeboten. Die Insel liegt noch unterhalb von Phuket und Tagesausflüge sind zwar möglich – nur dass man dann sicher nicht sehr viel davon hat, weil man nach kurzer Zeit zurück muss, damit das in einem Tag reicht. Das letzte Mal ist schon fast zehn Jahre her, dass ich da war, aber ich fand es damals schon ein künstlicher Hype ... und die Korallen sahen wegen den vielen Booten und den darauf herumtrampelnden Touristen nicht mehr sehr gut aus – ich glaube nicht, dass das gebessert hat.

Bei Tagesausflügen die nicht selber unternommen werden, sondern gebucht werden, sind die Führer oft sehr flexibel, was die Planung und angefahrenen Orte und Attraktionen angeht – vor allem, wenn es sich um kleine Gruppen im Van handelt.

Übersichtskarte

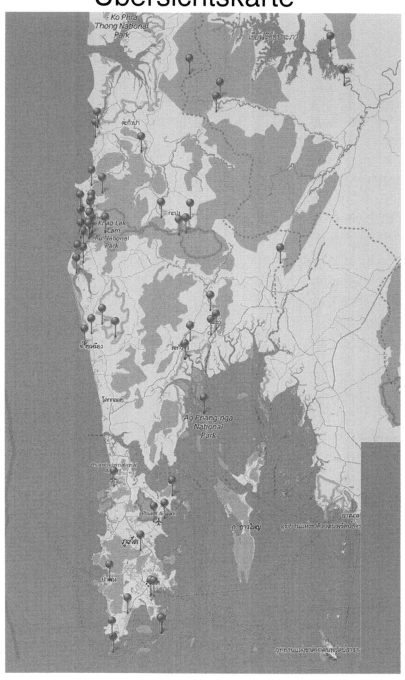

Was für wen? Tipps für jeden

Tipps für Familien mit Kindern:

Die größte Sandburg am Strand bauen
Phang Nga Bay Tour
Wasserfall mit Fischen: im Sri Phang Nga Park
Khao Sok Ausflüge und Aktivitäten
Elefantenreiten
Bambus-Floss-fahren
Kajak fahren: in den Mangroven, auf Fluss oder See
Khao Lak Minigolf
Turtle Konservatorium
Schnorchelausflug Ko Tachai
Wasserpark Phuket
Phuket Trickeye Museum
Phuket Aquarium

Tipps für Pärchen

Flanieren am Strand abends
Romantisches Dinner am Strand
Sunset-Dinner auf chinesischer Dschunke in der Phang Nga Bucht
Massage buchen
Baden mit dem Elefant
Bambusfloss fahren im grünen Regenwald
Cocktails im Moo Moo's Cabaret
Nachts eine Himmelslaterne steigen lassen
Neu einkleiden beim Schneider
Kuchen oder Crêpes oder Eis im Café Kantary
Schnorchel Ausflug Similan Islands oder Ko Tachai
Cheow Lan Lake: übernachten auf dem Wasser

Routen-Tipps für Selbstfahrer (Halbtages- bis Tagestouren.

Tempel und Höhlen - Tour Phang Nga:

Khao Lak (Tempel) – Phang Nga– Wat Suwan Khuha – Phung Chang Cave – Wat Thamtapan – Sa Nang Manora Forest Ntl Park – Khao Lak

Kapong Tour: Natur und Kultur:

Khao Lak – Lam Ru Wasserfall, –Kapong Tempel – heisse Quellen – Takua Pa Altstadt – Khao Lak

Alles ums Wasser:

Khao Lak – Sau Rung Waterfall – Ban Bam Khem Tsunami Memorial Center – Fähre nach Khao Sok – Khao Sok anschauen – Fähre zurück – Tam Nang Waterfall – zurück auf Khao Lak

Phuket, der Norden:

Khao Lak – Sarasin Bridge – Mission Hills Loop – Bay View Loop – Mittagessen im schwimmenden Restaurant am Bang Rong Pier – Gibbons Rehabilitation Project und Bang Pae Waterfall – Heroines Monument – retour auf Khao Lak

Phuket komplett:

Khao Lak – Sarasin Bridge –Heroines Monument – Phuket Town – Wat Chalong – Promthrep Cape – 3 Beaches Viewpoint – Rückfahrt via die Strandorte: Kata – Karon – Patong – Küstenstrasse Kamala – Heroines Monument – retour nach Khao Lak. (Achtung: wegen starkem Verkehr auf Phuket ist das wirklich ein Tagesausflug und für Selbstfahrer eher anstrengend).

Thailändische Sitten Do's and Dont's

Respekt gegenüber dem Königshaus: Man beleidige nie den König, der hochverehrt wird (auch nicht, indem man Geld zerstört).

Respekt vor Buddha: Kein Klettern auf Buddhastatuen, auch sollte man keine Buddhafiguren oder Bilder kaufen.

Die Sohlen der Füße sollte man nie jemanden zuwenden, das gilt als sehr unhöflich.

Thailänder sollte man **nie am Kopf berühren** (auch nicht Kinder!), da dort die Seele des Menschen sitzt.

Bei den Händen gilt **die linke Hand** als unrein (das ist auch die, mit der man sich auf der Toilette reinigt), deshalb reiche man Geld / ein Geschenk / etwas zum Essen immer mit der rechten Hand herüber.

Öffentliches Schmusen oder Zuschaustellen von Körperkontakt (bis auf Händchenhalten) werden nicht gerne gesehen.

Mönchen gegenüber ist ebenfalls Achtsamkeit geboten. Manche dürfen Frauen nicht berühren. Als Frau bittet man deshalb einen Mann die Almosen zu übergeben, oder legt sie auf den Boden.

Der Wai ist der thailändische Gruß. Es wird von einem Ausländer nicht erwartet, ihn zu erwidern, vor allem, da es nicht einfach ist, ihn mit allen Hintersinnigkeiten richtig auszuführen. Wie tief der Kopf gesenkt wird oder die Hände gehoben hängt ab vom eigenen Status und dem des Gegenübers. Sicherer ist es da zu lächeln und mit dem Kopf zu nicken.

Thailänder reden sich meist mit den **Vornamen** an – das bedeutet, dass der eigene Transfer oder Tour-Reservationen gelegentlich nicht gerade zu finden sind, wenn die unter dem Vornamen eingetragen sind.

Thailänder reden sich gegenseitig hauptsächlich mit Spitznamen an, die sie oft schon als Babys erhalten.

Gelegentlich wird man **persönliches gefragt**, was fast indiskret erscheint. Eine typische Frage wäre „Wie viel verdienst Du?" – das ist hier reine Anteilnahme und Neugier. Man kann darauf auch sehr gut antworten: „Weiß ich selber nicht" oder „Es reicht für uns" ...

Gräng Jai beschreibt eine Typische Charaktereigenschaft der Thailänder und bedeutet Rücksicht auf andere nehmen, keine Ansprüche stellen, Zurückhaltung zeigen. Gegenseitige Anteilnahme und ein höflicher Umgang wird sehr groß geschrieben. Mancher Thailänder sagt deshalb auch nicht gerne Nein, wenn eine zustimmende Antwort von ihm erwartet wird – nur um nicht zu enttäuschen.

Konfrontationen werden aus dem Weg gegangen, damit beide Seiten das Gesicht nicht verlieren. Deshalb sollte man auch darauf verzichten öffentlich Land und Leute zu kritisieren. Kommt es doch zu einer solchen Situation sollte man freundlich bleiben und die Kritik mit Lob ausgleichen und ... viel lächeln.

Denn **in Thailand öffnet das Lächeln Türen** ... und hilft über so manchen (eigenen) Faux pas hinweg.

Essen in Thailand

Die thailändische Küche ist eine Mischung aus chinesischen, indischen und europäischen Einflüssen, die mit der Zeit zu einer eigenen Landesküche verschmolzen sind. Die thailändische Küche ist fein und macht nicht dick. Es gibt viel Reis dazu – tatsächlich bedeutet der thailändische Ausdruck für „eine Mahlzeit einnehmen" wörtlich „Reis essen" ... aber es sind die Zugaben, die sie so schmackhaft machen.

Kaeng – das sind verschiedene „Curry"-Gerichte. Sie enthalten jedoch kein Currypulver sondern werden mit einer Gewürzpaste als Basis zubereitet. Dazu werden Galgant oder Ingwer mit Kafir-Limettenblättern, frische Chilischoten und Garnelenpaste und mehr genommen und so lange im Mörser gestampft, bis die homogene Paste entstanden ist. Es gibt rote und grüne Kaeng-Gerichte mit verschiedenen Fleischarten oder Fisch oder Tofu.

Tom Kha Kai – Hühnersuppe mit Kokosmilch, scharf-süßlich, mit Galgant, Zitronengras, Chilli und Kokosmilch – was das etwas abmildert. Auch dies ist eigentlich ein Kaeng Gericht. Definitiv ein

Lieblingsessen, das auch nicht ganz so scharf genossen werden kann und statt Huhn Meeresfrüchte enthalten kann sowie verschiedene Gemüse je nach Koch.

Tom Yam – scharf-saure Garnelen-Suppe: Würzig und scharf. Mit Fischsauce, Schalotten, Zitronengras, Limonensaft, Galgant, Tamarinde und Chillies. Klassisch mit Garnelen, aber es gibt sie auch mit anderen Fisch- und Meeresfrüchten.

Som Tam – Papaya Salat (scharf), Eine Art Salat aus klein gehackten grünen (unreifen) Papayas, Zwiebeln, Tomaten, Limette. Lang Bohnen, gerösteten Erdnüssen, Salz, Palmzucker und Chilli- schoten, gewürzt mit Fischsauce. Dazu gibt es Garnelen (getrocknete manchmal auch frische). Er ist üblicher- weise sehr scharf  (wirklich!) und etwas säuerlich.

Phat Thai – Nudeln mit Gemüse und Fleisch. Es gilt als Nationalgericht Thailands, ist ein Ein-Teller-Nudelgericht und vereint die vier Geschmacksrichtungen: scharf, sauer, salzig und süß. Es enthält getrocknete Chile, Limette, Fischsauce und Rohrzucker. Die Nudeln werden mit Ei, Tofu und kleinen, getrockneten Garnelen gebraten. Dazu gibt es Bohnensprossen, Schnittlauch und kleingehackte geröstete Erdnüsse ... oft auch separat zum individuellen Nachwürzen.

Phat Kaphrao – Eintellergericht mit Hackfleisch (je nachdem mit Schwein, oder Huhn, oder Rind, aber auch Garnele) mit indischen Basilikum – der schmeckt schärfer und aromatischer als der bei uns bekannte. Dazu Chili, Knoblauch und Sojasauce, alles im Wok gebraten und mit Reis serviert.

Satay Spiesse – Das Gericht stammt aus Indonesien und Malaysia. Es sind gegrillte Spießchen mit gewürztem Fleisch, das mit einer Sauce serviert wird. Es kann an Fleisch Huhn, Rind, Schwein aber auch Fisch sein – die Gewürzmischung enthält Curcuma, was die typisch gelbe Farbe ergibt. Serviert wird es häufig mit einem Erdnusssaucen-Dip.

Tempura – in Teig frittiertes Gemüse und Garnelen). Das Gericht stammt aus Japan oder Indien ... jedenfalls auch Asien und verwendet verschiedene Gemüse (kleine Maiskolben, Zwiebelringe, Bohnen, Papaya-Stücke) oder auch Garnelen oder Fisch, der in leichtem Teig getunkt und dann frittiert wird.

Tintenfisch mit Pfeffer und Knoblauch-Sauce – Dieses Gericht gibt es in den einfachsten lokalen thailändischen Restaurants und besteht aus verschiedenem Fleisch oder auch Fisch oder Tintenfisch mit einer Sauce aus viel dunkel geröstetem Knoblauch und Pfeffer, dazu wird Reis serviert.

Tischsitten:

Ursprünglich wurde thailändisches Essen mit den Fingern gegessen – was in manchen Regionen und bei manchen Gerichten noch heute der Fall ist. Ansosnten benutzt man heute Gabel und Löffel. Messer gibt es meist keine und sie sind auch unnötig, da das Essen vom Koch bereits in Mundgerechte Stücke zerkleinert wurde. Die Gabel wird benutzt um etwas auf den Löffel zu schieben – der Löffel geht dann zum Mund.

Essstäbchen gehören nicht zur eigentlichen thailändischen Küche und werden nur in chinesischen Restaurants oder zum Essen chinesischer und vietnamesischer Nudel-Gerichte benutzt. Dann hält man den Löffel in der Linken Hand und die Essstäbchen in der rechten.

Toiletten

Während die Toiletten, die man in den Hotels findet praktisch ausschließlich Sitztoiletten im westlichen Stil sind ... die außerhalb sind es meist nicht. Man wird deshalb in Restaurants, in Tankstellen, Shops oder in kleineren Unterkünften die für Asien klassischen Plumps-klos antreffen. Und kein Toilettenpapier.

Keine Panik, man wird trotzdem sauber – die Thailänder benutzen einfach ein anderes System. Als Anfänger empfiehlt es sich bei Plumpsklos (damit kein Unfall passiert) unterhalb der Hüfte komplett frei zu machen. Mit etwas Übung kann man später die Hose / den Rock / die Unterhose anbehalten und einfach weit hinunterstreifen, aber zu Anfang ist es wirklich besser. Dann kauert man sich über das Loch (Blickrichtung Türe, Knie zeigen zur Decke). Physiologisch gesehen ist es sogar die bessere Variante als Sitzen, auch wenn es für uns sehr ungewohnt ist.

Nach dem Geschäft wäscht man sich: mit der (linken!) Hand und Wasser. Das Wasser dazu gibt es entweder im Schlauch oder im Eimer mit einer Schöpfkelle. Mit der rechten Hand schöpft/spritzt man das Wasser, mit der linken reinigt man sich dabei gründlich – Frauen am besten "hinten herum". Männer können da theoretisch wählen. Vorausgesetzt man benutzt genug Wasser ist das auch keine grausige Angelegenheit. Danach spült man mit genug Wasser Reste in der Toilette nach unten.

Falls Toilettenpapier da ist – oder man mitgebracht hat – kann man sich damit abtrocknen. Die Toiletten sind aber nicht dafür ausgelegt, dass man Papier hinunterspült: dafür hat es Abfalleimer, wo man es entsorgen kann. Ein bis zwei Blätter gehen zwar meistens mit runter, aber mehr sollten es wirklich nicht sein.

Danach gründlich die Hände waschen und sich wieder anziehen – das war's.

Elektrizität

Thailand benutzt Steckdosen (und Stecker) der Typen A, B. C. Ältere Steckdosen sind vom Typ A, moderne Steckdosen sind eine Kombination der Typen B und C. Sie können die amerikanischen Steckertypen A und B und den **Euroflachstecker C** aufnehmen.

Das bedeutet, man **kann bei den neueren Anlagen auch ohne Adapter seine (zweipoligen) Stecker aus der Schweiz oder Deutschland verwenden.**

Die Netzspannung in Deutschland, Österreich und der Schweiz beträgt 230 Volt $\pm$ 23 Volt. Trotzdem kann man unsere elektrischen Geräte problemlos in Thailand nutzen, denn die Abweichung liegt noch im Toleranzbereich. Auf den Ladegeräten von Notebooks, Tablets, Smartphones, Kameras, etc. steht meistens INPUT: 100-240 Volt, 50/60 Hz. Das heißt, diese Geräte kann man weltweit in dem angegebenen Netzspannungsbereich nutzen.

Zu erwähnen sind hier die **unzähligen Kabel**, die einem leider auch auf Bildern immer vor den schönsten Motiven hängen. Im Gegensatz zu Europa, wo die Stromversorgung von Häusern weitestgehend unterirdisch erfolgt, verlegt man in Thailand die Elektrokabel überirdisch auf Masten. Jedes Haus scheint mindestens ein eigenes Kabel am Mast zu hängen haben. Um Kosten zu sparen dürfen Hauseigentümer Ihre Stromkabel in vielen Regionen selbst verlegen. So sieht man des Öfteren ganze Familien die in Teamwork von einer großen Kabeltrommel ein neues Stromkabel auf die vorhandenen Masten hängen. Sicherheit kommt hier zu kurz – und gelegentlich kommt es zu Unfällen, wenn ein Mast unter Strom steht. Auf dem Land kommt es immer wieder zu Stromausfällen, weil zu viel "gezogen" wird und das Netz überlastet.

Telefonieren, Roaming, Internet

Thailand ist was Handys angeht kein Drittweltland. Man sieht viele Thailänder mit den neusten Modellen herumlaufen und Verbindung hat man auch so gut wie überall (Einzige Ausnahme hier ist inmitten des Khao Sok Nationalparks am äußeren Ende des Cheow Lan Lakes).

Für Europäer, insbesondere Deutsche und Schweizer ist es jedoch keine gute Idee mit der heimischen Sim-Karte (die auch hier funktioniert) zu telefonieren oder ins Internet zu gehen, da man so rasch hohe Rechnungen anhäuft wegen der teuren Roamingpreise. Da helfen auch die sogenannten Flatrates nicht viel. Einmal mit meinem iPhone etwas auf facebook und google nachgeschaut ... und ich hatte nach 5 Minuten eine Meldung, dass mein Guthaben für den Monat aufgebraucht war.

Am besten legt man sich gleich nach Ankunft in Thailand eine thailändische Simkarte zu. Zum Beispiel die von one2call, oder True Move oder DTAC die es an jeder Ecke (auch am Flugplatz) für ca. 50 Baht zu kaufen gibt. Zur Nutzung wird die Karte einfach in das Handy gelegt und über die auf der Verpackung der Karte angegebenen Rufnummer aktiviert. Anschließend wird ein Guthaben auf die Karte geladen: das kann man in allen 7-Eleven Shops kaufen (oder alternativ online aufladen).

Zum Telefonieren nach Deutschland benutzt man die Billigvorwahlen: 007, 008 und 009 – Also so: 009 49 und Ortsvorwahl ohne die Null etc. / oder für die Schweiz 009 41 ...

Beispiel für die Schweiz, Basel (Vorwahl 061): 009 41 61 XXX XX XX)

Internet:

Es gibt teils noch Internetcafés, auch in Khao Lak, aber die Computer leiden unter der hohen Luftfeuchtigkeit und müssen häufiger ersetzt werden, was das minim teurer macht als anderswo. Außerdem sind diese öffentlichen Computer gelegentlich quälend langsam. In den Hotels gibt es oft Computer, die man benutzen kann um ins Internet zu gehen, oder sie bieten Wifi an.

Zugang zum WLAN ist inzwischen in den meisten Hotels vorhanden und oft gratis für Gäste – wobei man da einen Zugang an der Rezeption beantragen muss in Form eines Passwortes.

Dafür kann man dann sogar noch am Strand im Net surfen.

Geld abheben

Man braucht nicht von zu Hause Geld mitzunehmen – das lässt sich einfach in Thailand bekommen. **Wechselstuben** hat es schon am Flugplatz, wobei die einen schlechteren Kurs anbieten, als die außerhalb.

So ziemlich **alle Banken Thailands** haben inzwischen in Khao Lak einen Ableger und Schalter, die meisten im Zentrum (La On), nur die TMB in Bang Niang.

Neben dem Schalter haben sie auch **ATM Maschinen**, wo man mit Visa-, Master- und eurocheque-Karten Geld abheben kann. Die TBank (orange) hat angeblich die besten Wechselkonditionen, aber vergleichen lohnt sich.

Die ATMs geben 1000 Baht-Noten heraus und man hat in Khao Lak die Möglichkeit die Sprache auf englisch einzustellen – was sinnvoll ist, da thailändisch etwas schwierig zu lesen ist.

Eine Eigenart haben sie noch im Gegensatz zu denen zu Hause: Nachdem man ausgesucht hat, wie viel Geld man abhebt, spuckt die Maschine dieses aus, DANN kommt die Frage betreffend Quittung und DANN kommt die Karte heraus. Das hat bei uns schon dazu geführt, dass wir ohne Karte gegangen sind. Zu früh halt. Zum Glück war das sehr früh morgens und der Automat zieht die Karte nach etwa einer Minute wieder ein. Mit etwas lokaler Hilfe haben wir sie sogar von der Bank zurückerhalten, ansonsten hilft nur sperren lassen.

Hotels wechseln auch Geld, aber meist zu einem schlechteren Kurs – dafür haben sie nach 21 Uhr noch offen.

Gesundheit

Es lohnt sich vor einer Reise die Apotheke aufzusuchen um sich beraten zu lassen über Risiken und Reiseapotheke und sich auf Seiten wie www.safetravel.ch zu informieren.

Khao Lak mit seinem feucht-warmen Klima birgt ein paar gesundheitliche Risiken, die man bei uns nicht so kennt. In Kürze:

Sonnenschutz ist hier wegen der Äquatornähe besonders wichtig. Ein Sonnenbrand ist nicht nur akut unangenehm, sondern kann Folgeschäden haben – es fördert die Entstehung von Hautkrebs.

Bei den Thailändern ist es bis heute noch so, dass weiße Haut ein Schönheitsideal ist ... und sie verstehen den Bräunungswahn der Europäer überhaupt nicht. Sie selber schützen sich mit langärmeliger Kleidung, Hüten und Sonnenschirmen vor der Sonne und wenn man Körperpflegeprodukte kauft, sind bei den meisten hautbleichende Mittel drin (selbst im Deo).

Magen-Darm-Probleme:

Obwohl wir in ganz Thailand nie Probleme hatten und auch auf Nachtmärkten und in sehr kleinen Beizen gegessen haben, gehört das erwähnt. Die häufigste Ursache für Magen-Darm-Beschwerden sind verdorbene, rohe oder unzureichend gekochte Lebensmittel. Das Wasser, das in Khao Lak aus den Hahnen kommt ist kein Trinkwasser, geht aber zum Zähneputzen (auch wenn manche Hotels auch dafür extra Wasser bereitstellen).

Problematisch sind anscheinend **Melonen** (auch in Früchteshakes und Fruchtsalaten) wenn sie vorher angeschnitten lange herumgelegen sind. **Fleisch** sollte gut durchgebraten sein.. **Meeresfrüchte:** wenn man den Fisch selber wählen kann, achte man darauf, dass die Augen klar und nicht eingefallen sind.

Elefanten-Milben: Bei schlecht gepflegten, befallenen Elefanten können diese Milben auch auf Menschen übertragen werden. Deshalb sollte man nicht mit nackter Haut auf die Elefanten sitzen ... und vielleicht die Beine der Mahouts vorher ansehen. Die Milben verursachen Krätze-artige Symptome (Haut rot, juckend, schuppend, vor allem in den Falten), sind aber harmlos und sterben, da der Mensch ein Fehlwirt ist, bald ab. Die Haut nicht aufkratzen, da das zu Infektionen führen kann.

Mückenstiche und durch Mücken übertragene Krankheiten:

Vor allem in der Dämmerung, fallen die über einen her, aber manche Arten stechen auch tagsüber. Starken Mückenschutz benutzen, eventuell auch lokale Produkte, wenn sie gegen die heimischen Mittel schon immun sind. Die Stiche sollte man nicht aufkratzen, da das zu Infektionen führt und richtigen Löchern.

Chikungunya Fieber: im Süden Thailands auftretend, durch Mücken übertragene Viruskrankheit, Beschwerden: hohes Fieber mit Gelenkbeschwerden und Berührungsempfindlichkeit. Heilt nach ein bis zwei Wochen meist von selbst wieder ab, macht gelegentlich aber bleibende Gelenkbeschwerden.

Dengue Fieber: durch Mücken übertragene Virusinfektion. Unspezifische Beschwerden wie Kopf-Gelenk und Gliederschmerzen, Fieber, gelegentlich Hautausschlag. In manchen Fällen schwerer Verlauf mit Blutungskomplikationen und Entgleisung des Blutdrucks. Potentiell lebensbedrohlich und muss im Krankenhaus behandelt werden.

Malaria: das ist hier in Khao Lak dafür kein Problem. Eingeschleppte Fälle der durch Mücken übertragenen Krankheit kommen aus dem Norden Thailands.

Zika: Thailand gilt als Land, wo Übertragung des Virus durch Mücken sporadisch vorkommen kann, deshalb sollten Frauen, die schwanger sind, oder es gerade werden wollen vorher ihren Arzt konsultieren. Aus Khao Lak sind jedoch noch keine Fälle bekannt.

Hunde: freilaufende Hunde sollte man nicht füttern oder streicheln. In ihrem Fell können sich Hakenwürmer tummeln und über ihren Kot gelangen diese Hakenwürmer auch in Sand, weshalb man an Stränden mit Hunden besser nicht barfuß geht. Bei Hautkontakt dringen die winzigen Würmer in den Körper ein und wandern via Blutbahn in die Lunge, als Larve von dort via aushusten und verschlucken in den Darm, wo sie als Wurm aus den Darmzotten Blut saugt. Wegen dem Blutverlust entstehen deshalb lange nach Rückkehr Blutmangel, Abgeschlagenheit, Depressionen und Bauchprobleme. Bei Verdacht sollte ein Arzt aufgesucht werden, der ein Wurmmittel verschreibt.

Affen: können (wie Hunde und Katzen) ziemlich übel beißen und die Wunden infizieren sich häufig. Ein Arztbesuch ist unbedingt erforderlich. Auch sollte man sich gegen Tetanus und vielleicht Tollwut impfen lassen. Tollwut kommt in Thailand vor, nicht nur bei Affen, auch bei Hunden und Katzen. Am besten ist es auf jeden Fall Kontakt zu meiden.

Quallen: hat es hier im Wasser noch gelegentlich. Die meisten sind so klein, dass man sie nicht mal sieht und nur spürt, wenn einen wieder mal eine gestochen hat. Das ist lästig, aber meist nicht gefährlich. Selten kommen aber auch hier giftige Quallen vor, wo die leichteste Berührung starke Schmerzen, Hautausschläge und sogar Narben hinterlassen kann. Portugiesische Galeere und Box-Quallen sind die gefährlichsten. Die sind aber sichtbar und man sollte sich fernhalten. Bei Kontakt hilft es, hochprozentigen Essig darüber zu schütten (den sollte man von zu Hause mitnehmen, das bekommt man hier nicht), mit Wasser abwaschen und zum Arzt gehen, wenn keine Besserung eintritt. Thailänder nutzen zur Behandlung die grüne Rankenpflanze mit den violetten Blüten, die sich häufig am Strand findet und aus denen sie einen Brei zum aufstreichen machen.

Seeigelstacheln: Seeigel findet man vor allem an den (großen) Felsen im Wasser. Wer in so einen tritt, der hat die dünnen Stachelspitzen schnell in der Fußsohle, wo sie abbrechen können und starke Schmerzen verursachen. Die Stacheln sollten entfernt werden – durch den Arzt, oder, wenn keiner erreichbar ist, kann man es mit einem Brei aus Papaya versuchen, dessen Enzym Papain die Haut über Nacht aufweicht.

Stachelrochen: wie gefährlich die sein können, weiß man spätestens, seit Steve Irwin einem Stingray-Stich erlegen ist. Stiche führen zu starken Schmerzen und Stiche in Bauch und Gesicht sind gefährlich. Vor allem am Pakarang Beach empfiehlt es sich deshalb nur mit entsprechender Vorsicht und Badeschuhen ins Wasser zu gehen.

Schwimmen, Schnorcheln und Tauchen ist toll, aber grundsätzlich gilt hier wie überall: Im Meer sollte nichts angefasst werden. Der Natur und auch sich selber zuliebe.

Süßwasser: In Seen und Tümpeln können Saugwürmer leben (Shistosomen), die Bilharziose verursachen. Sie gelangen durch menschliche Fäkalien ins Wasser. Ein juckender Hautausschlag an der Stelle, wo die Larven durch die Haut eintreten, eine akute fieberhafte Erkrankung, eventuell Organ-Befall, was gefährlich werden kann. Der Arzt sollte bei Beschwerden aufgesucht werden, die Prognosen sind bei frühzeitiger Behandlung gut.

Das hört sich jetzt alles etwas beunruhigend an, aber tatsächlich ist es so, dass wir in all den Jahren bis auf die kleinen ungefährlichen Quallen im Meer und Mücken am Abend keine Erfahrungen mit den ganzen Gesundheitsgefahren machen mussten. Wir haben fast überall gegessen, waren in diversesten Wasserstellen baden (fließend und stehend), schnorcheln und tauchen ohne Folgeschäden.

Aufmerksamkeit ist immer wichtig, dass man sich vor Tieren fernhält, dort isst, wo auch die Thailänder essen gehen und sich vor Mücken schützt – dann kann nicht viel passieren.

Ärzte und Apotheken

Wer in Khao Lak krank wird, hat diverse Ärzte zur Auswahl, die teilweise auch Hotelbesuche machen. Wie in vielen Kleinstädten hat es Erste-Hilfe-Stationen und kleine Kliniken. Die Ausrüstung und hygienischen Verhältnisse sind allerdings nicht auf europäischem Standard und als Tourist wird man deshalb rasch in größere Krankenhäuser gebracht, wie in Takua Pa, oder Phuket, wo es einige Krankenhäuser hat, die auch sehr gut ausgerüstet sind.

Dr. Chusak ist Kinderarzt und Allgemeinmediziner, er ist tagsüber im Takua Pa Krankenhaus tätig und behandelt in seiner kleinen Klinik in Khao Lak auch erwachsene Patienten. Er macht Hausbesuche – er ist der Arzt, den wir auf Ko Kho Khao einmal brauchten. Ort: Ban La On gegenüber dem Jai Restaurant. Sprechzeiten: 17.30 – 20.30 Uhr Tel (076) 48 57 38 oder (081) 9689701 (Vorwahl für Thailand: +66)

Frau **Dr. Amaornut** hat eine Klinik in Bang Niang an der Hauptstraße 4 zwischen Tonys Lodge und dem Motive Cottage Resort. Ihre Klinik ist täglich geöffnet zwischen 15 bis 20.30 Uhr. Ihre Preise sind sehr günstig. Tel: (083) 647 7053

Dr. Seree, der in manchen Führern erwähnt wird ist nun pensioniert und lebt in Takua Pa.

Clinik Dr Sumet in Bang Niang mit Öffnungszeiten von Mi-Do 10.30-16.30 Uhr und Fr-Sa: 13-20 Uhr. (086) 946-76-38.

Inter Clinic: Bang Niang Beach Road. Öffnungszeiten 9-21 Uhr täglich Tel (076) 48 65 51 und (087) 628 35 77

Takuapa Hospital: 39/2 Moo 1 T. Bang Naisri, Takua Pa, Tel +66 (0)79 431 488

Krankenwagen in Bang Niang: 1719

Wer auf der Straße sonst verunfallt (zum Beispiel als Motoradfahrer) wird von oft privaten Krankenwagen aufgelesen und ins Spital gebracht. In sehr abgelegenen Gegenden laden einen wahrscheinlich ein paar hilfsbereite Thailänder hinten aufs Auto und bringen einen hin.

Dekompressionskammern: die braucht man bei Tauchunfällen, wenn man zu schnell aufgestiegen ist. In Khao Lak ist es anscheinend Dank fürsorglicher Tauch-Guides noch nie zu einem schwerwiegenden Tauchunfall gekommen und es hat eine Erste Hilfe Station in Khuk Khak, aber die nächste Dekompressionskammer (mit mehreren Plätzen) befindet sich auf Phuket, im Phuket International Hospital in Phuket Town.

SSS Network / Khao Lak, Khuk Khak, Öffnungszeiten: 09:00 - 18:00 Uhr 24-Std. Notruf: +66 (0)6 283 1941 oder +66 (0)9 871 4302

Medizinische Behandlungen sind in Thailand meist günstiger als in Europa, weshalb sich in manchen Bereichen ein wahrer Gesundheits-tourismus entwickelt hat. Schönheitschirurgie zum Beispiel und Zahnärztliche Behandlungen. Viele Zahnärzte auf Phuket haben sich auf ausländische Patienten eingestellt, sprechen englisch und haben einen internationalen Standard.

Zahnärzte in Khao Lak:

Dental Home 21/20 Moo 7, Petchkasem Road – Tel.: (0)76 485-895

Dental Clinic 5/55 Moo 7, Petchkasem Road (im Book Trees Komplex) Tel.: (0)88 / 7539868 & (0)83 / 5472091

Apotheken

Khao Lak hat viele Apotheken, die meisten in La On, aber auch in Bang Niang. In den Apotheken, die von Einheimischen und Touristen besucht werden, kann man sich über die Gesundheit beraten lassen und bekommt die meisten Medikamente, die man in Europa auch bekommt – ein paar mit anderen Namen / Verpackungen und noch einige mehr, die bei uns zu Hause rezeptpflichtig sind. Antibiotika gegen Blasenentzündungen zum Beispiel. Die werden dann häufig nicht in der Packung, sondern in einem kleinen Plastiksäcklein abgegeben, wo nur die Medikamentenbezeichnung und die Dosierung drauf geschrieben wird. (3x1/d). Packungsbeilagen fehlen da meist völlig.

Wie in anderen Apotheken in asiatischen Ländern ist es auch hier möglich, dass man gefälschte Medikamente bekommt – und da kann so ziemlich alles drin sein. Obwohl die meisten Apotheken in Khao Lak sehr ordentlich aussehen, sollte man das im Kopf behalten und seine wichtigen und regelmäßig genommenen Medikamente von zu Hause mitnehmen.

Strassenverkehr in Thailand: Überlebenstipps

Ich sage zu Autofahren in Thailand immer: das ist wie Botschautofahren und versuchen, den anderen *nicht* zu treffen.

Es gilt **Linksverkehr** – die Autos haben das Steuer rechts. Wer das nicht kennt, sollte sich vielleicht einen Kleber („links fahren") aufs Steuerrad kleben – wobei das Problem, sich daran zu erinnern eher auf unbelebten Straßen ist ... und die hat man in Thailand eher selten.

Rechne jederzeit mit allem: andere Verkehrsteilnehmer verhalten sich oft unberechenbar, wechseln Spuren ohne zu schauen oder zu blinken, überfahren rote Ampeln, bleiben auf einmal stehen oder fahren abrupt vom Straßenrand los, nachts sind viele ohne irgendein funktionierendes Licht unterwegs und kommen dir (deshalb?) auf deiner Seite entgegen. Sei aufmerksam und bremsbereit, speziell bei Kreuzungen und Seitenstraßen-Einfahrten.

Der Pannenstreifen neben der Straße wird häufig benutzt: einerseits von Motorrad- und Fahrradfahrern, sowie von den kleinen, fahrenden Shops, die für die normale Straße einfach zu langsam sind, als auch für Autos zum ausweichen, wenn rechts jemand am Mittelstreifen steht zum abbiegen.

Rote Ampeln gibt es auch in Thailand – auf dem Weg vom Flugplatz in Phuket kommt man außerdem an zwei Ampeln mit Countdown vorbei, die die Sekunden bis zur nächsten Phase (grün oder rot) anzeigen. An den meisten Ampeln gilt, dass Linksabbiegen erlaubt ist, wenn es frei ist ... selbst wenn sie rot sind. Aber auch sonst halten sich die Thailänder nicht zwingend daran bei Rot anzuhalten und fahren wenn nichts kommt oder auch noch, wenn sie gerade umgestellt hat.

U-Turns: Eine unten auf Phuket ungeschickt gelöste Sache (finde ich) sind die U-Turns, die anstatt Ampeln bevorzugt werden. Das Problem ist, dass die Straßen oft auf längere Distanzen mit einem Grünstreifen in der Mitte richtungsgetrennt sind ... und wenn eine Straße abgeht, dann kommt man oft nur via diese Stellen (angezeichnet und weit auseinanderliegend) hin. Vorsicht, weil da Fahrzeuge stehen können (und das meist mitten auf der Straße) und manche nicht warten können und einfach abbiegen. Zum Glück ist das oben in Khao Lak nicht so häufig.

Überholmanöver – langsamere Fahrzeuge werden überholt, auch wenn es nicht sicher ist. Überholt wird rechts oder links und teils auf die Spur des Gegenverkehrs, der dann ausweichen muss. Es muss also immer damit gerechnet werden, dass einem plötzlich ein Auto oder ein Van frontal auf der eigenen Spur entgegenkommt. Speziell vor Kuppen ist es gut, da ganz links zu fahren, auch weil in Thailand oft die Kurven geschnitten werden – gut gibt es meist den Pannenstreifen.

Vorfahrt: es gelten eigentlich die gleichen Regeln wie bei uns ... viele halten sich nur nicht daran. Speziell gilt, dass größere Autos sich die Vorfahrt häufig einfach nehmen und wo es Lücken gibt, schiebt sich sicher jemand herein. Entsprechend skrupellos muss man selber werden, weil man sonst beim Abbiegen in den Gegenverkehr kaum hineinkommt.

Für Motorradfahrer gilt: Trage einen Helm. Ja – Du wirst viele Leute (auch Einheimische) ohne Helm fahren sehen und es ist heiß, aber ... das ist nicht nur wichtiger Schutz für Dich im nicht ganz ungefährlichen Straßenverkehr, sondern auch gesetzlich vorgeschrieben. Auch wenn die Polizei nicht ganz so interessiert an den Touristen scheint, an den Polizeistationen und Kontrollstellen schauen sie das an und verteilen Bussen – da sieht man dann auch so manchen Thailänder auf einmal einen Helm hervorholen und anziehen. Dasselbe gilt übrigens für den Sicherheitsgurt beim Auto.

An den **Polizei Checkpoints** wird kontrolliert – außerhalb interessiert sich die Polizei wenig für den Verkehr. Autofahrer werden weniger kontrolliert als Motorradfahrer ... außer zu den gefährlichen Tagen zwischen Weihnachten und Neujahr und um Songkran herum, wo an den Feiertagen Alkohol getrunken und gefahren wird und die Zahl der Unfälle und Verkehrstoten in die Höhe schiesst – diese Zeit wird auch „the 7 Days of Danger" genannt. Kontrolliert wird: Führerschein, gültige Versicherung, Helm, Gurt.

Bei Strafen hat man die sofort zu zahlen an der Polizeistation oder an provisorischen Kassenstationen. Man bekommt dafür einen Beleg – mit dem man lustigerweise während den nächsten 24 Stunden immun für dasselbe Vergehen ist. Das bedeutet, man muss nicht noch einmal bezahlen, auch wenn man immer noch keinen Helm anhat ...

Alkohol am Steuer: In Thailand gilt wie bei uns eine Promillegrenze von 0,5. Kontrolliert wird eher selten, aber wer erwischt wird hat mit unangenehmen Folgen zu rechnen: Gefängnis in einer Massenzelle und teure Kaution von 20'000 Baht, damit man wieder rauskommt. In einer Gerichtsverhandlung wird dann die Strafe festgelegt, die zwischen 2'000 bis 10'000 Baht sein kann. Und wenn man an einen korrupten Polizisten gerät kann das durchaus noch einiges teurer werden.

Tankstellen haben nicht 24 Stunden geöffnet: die meisten schließen nach 20 Uhr. An der Tankstelle tankt man nicht selber, sondern man nennt dem Personal einfach die gewünschte Mischung: Diesel, 91er (Normal) oder 95er (Super) und entweder „Full" oder den Betrag, für den man tanken will. Was in den Tank gehört sagt der Vermieter oder es steht auf dem Tankdeckel.

Bild: auch in thailändisch als Stopschild erkennbar

Strassenkarten bekommt man an den Mietstationen (wenn überhaupt) oft nur sehr grobe mit. Ich würde trotzdem immer fragen, was sie haben. Im 7-Eleven gibt es eine detaillierte Straßenkarte Südthailand zu kaufen, die gut ist. Google Maps hilft sehr, Apps wie Scout, die ich anderswo erfolgreich benutzt habe sind teilweise noch zu ungenau mit Kartenmaterial versorgt. Wer kann nimmt ein Navigationsgerät mit aktuellen Karten von zu Hause mit ... oder mietet das mit dem Auto.

Was tun bei einem Unfall?

Man hört gelegentlich Horrorgeschichten, was nach einem Unfall in Thailand alles passieren kann. Oft mit der Grundlage, dass der Tourist, egal was passiert ist Schuld ist, denn: „Wenn der Tourist nicht da gewesen wäre, dann wäre der Unfall auch nicht passiert." Das ist heute nicht mehr zwingend so, aber es ist gut, wenn man sich thailändisch sprechende Hilfe holt (zum Beispiel von der Mietstation oder die Tourist Police), um die Sache zu klären.

Vorgehen:

Fahrzeuge stehen lassen bis die Polizei eintrifft. (Es kann gut sein, dass der andere Unfallteilnehmer Unfallflucht beginnt – ein Foto von Auto mit Nummer ist da hilfreich).

Warndreiecke gibt es keine ... ein paar auf die Straße gelegte Äste dienen dem selben Zweck. Also: Vorsicht, wenn man die sieht, oft liegen sie aber auch ziemlich unmittelbar hinter dem Fahrzeug.

Den Vermieter des Autos anrufen, die schicken einen Schadensregulierer der Versicherung vorbei.

Ruhig bleiben und warten.

Der Vermieter stellt in der Regel einen Ersatzwagen.

Bei Motorrädern muss (wegen fehlender Versicherung) meist vor Ort ausgehandelt werden, wer wie viel zahlt ... das bleibt meist am Mieter hängen. Meist ist es günstiger das selber reparieren zu lassen weil der Vermieter sonst seinen eigenen (ev. überhöhten) Preis dafür verlangt.

Notrufnummern: Feuerwehr 199

Polizei 191 oder 1155

Tourist Police 1699

Thailändisch für Touristen

Weil es immer gut ist, zumindest ein paar Worte zu kennen – und das auch gut ankommt. Es ist bei weitem keine Voraussetzung, aber es verbessert den Kontakt … und verschafft einem gelegentlich bessere Preise.

Mit Englisch kommt man (gerade in Touristenorten wie Khao Lak und Phuket) sehr weit, aber es lohnt sich ein paar Brocken einzustudieren:

Hallo / Guten Tag: sa-wade-krab. (Männer) / sa-wade-ka (Frauen)

Auf Wiedersehen: La gon krab (Männer) / la gon-ka (Frauen)

Ja: Chai-krab / Chai-ka

Nein: Mai Chai-krab / mai chai-ka

Danke: Kop-kun-krab / kop-kun-ka

Bitte!: Mai ben rai-krab / Mai ben rai –ka

Toilette?: Hong nam

Was kostet?: Tau tai krab? (Mann), Tau tai-ka? (Frau)

Ich: Phom (Mann), Tschan (Frau)

Ich heiße: Phom tschü (Mann) / Tschan Tschü (Frau)

Ich will zum/nach: Phom bpai krab / Tschü bpai ka

Tempel: Wat

Wasserfall: Nahm Dtok

Insel: Ko

Gasse: Soi

Markt: Dtalaad

Meer: Thalee

Platz für eigene Notizen:

14842662R00078

Printed in Poland
by Amazon Fulfillment
Poland Sp. z o.o., Wrocław